FAO中文出版计划项目丛书

地理标志食品的营养与健康潜力

联合国粮食及农业组织　编著

吴　赟　等　译

中国农业出版社
联合国粮食及农业组织
2022·北京

引用格式要求：

粮农组织和中国农业出版社。2022年。《地理标志食品的营养与健康潜力》。中国北京。

20-CPP2021

本出版物原版为英文，即 *The nutrition and health potential of geographical indication foods*，由联合国粮食及农业组织于2021年出版。此中文翻译由同济大学外国语学院安排并对翻译的准确性及质量负全部责任。如有出入，应以英文原版为准。

ISBN 978-92-5-136832-9（粮农组织）
ISBN 978-7-109-30339-3（中国农业出版社）

FAO中文出版计划项目丛书

指 导 委 员 会

主 任　隋鹏飞

副主任　倪洪兴　谢建民　韦正林　彭廷军　顾卫兵

　　　　童玉娥　李　波　苑　荣　刘爱芳

委 员　徐　明　王　静　董茉莉　朱宝颖　傅永东

ABSTRACT 摘 要

地理标志（Geographical indication，GI）是一种标志，用于区分产自特定地域的产品，地理标志产品的质量、特性或声誉本质上取决于该产地。因此，产品与原产地之间存在着显著的联系。世界各国都用地理标志来保护具有原产地特征的产品。受地理标志保护的产品通常是农产品、食品、葡萄酒及烈酒、手工艺品或工业产品。

当今世界正遭遇着复杂的营养问题。近年来，营养问题已成为发展议程中的重点议题。在很多重要文件中，传统食品、饮食和粮食体系在大众营养状况中所发挥的重要作用得到了认可。社会经济、生物多样性、自然资源可利用性及地理标志的使用都会影响营养和饮食，但关于前三项的研究比最后一项要多得多。在促进健康饮食和遏制非传染性疾病方面，地理标志食品的潜力值得探索。

本书共有五个案例，研究了五种已注册的地理标志食品的营养潜力，它们分别是：卡纳伦特贾纳（Carnalentejana，葡萄牙牛肉）（译者注：此为新术语自定译名）、腐乳（Furu，中国发酵豆腐）、帕尔马干酪和哥瑞纳帕达诺奶酪（Parmigiano Reggiano 和 Grana Padano，意大利发酵奶酪）、南非博士茶（Rooibos，南非草本植物茶）和婆罗洲高原（马来西亚和印度尼西亚）本土大米。本书探讨了生产过程和最终产品营养成分之间的关系。事实上，这些食品的营养特性在很大程度上可以归因于它们独特的成分和生产过程，与其地理来源密切相关。对营养成分的分析既需要考虑普通的营养素，还要考虑生物活性化合物，后者通常不会出现在营养成分表中。本书也探究了一些与个案研究对象相似但不一定认证了地理标志的食品。

在个案研究后，本书第三部分简要探讨了三个专题：规范地理标志食品以保持和提高营养质量、地理标志食品在健康饮食中的作用以及食品成分测定。第四部分讨论了本书的局限性，并提出了以地理标志食品促进健康饮食的建议。很多受地理标志保护的传统食品是发酵食品，因此，附录涉及了益生菌、益生元和肠道菌群。

ACRONYMS ┃缩略语┃

BFA	粮食和农业生物多样性
DNA	脱氧核糖核酸
EU	欧洲联盟
EuroFIR	欧洲食品信息来源
FAO	联合国粮食及农业组织
GI	地理标志
GMP	良好生产规范
HACCP	危害分析与关键控制点
HLPE	粮食安全和营养问题高级别专家小组
ICN2	第二届国际营养会议
INRA	法国农业科学研究院
NCD	非传染性疾病
oriGIn	国际地理标志网络组织
PDO	受保护的原产地名称
PGI	受保护的地理标志
PUFA	多不饱和脂肪酸
RNA	核糖核酸
SFA	饱和脂肪酸
TRIPS	《与贸易有关的知识产权协定》
UNESCO	联合国教育、科学及文化组织
USA	美利坚合众国
USDA	美国农业部
WHO	世界卫生组织
WIPO	世界知识产权组织

©Roamincolor on unsplash

ACKNOWLEDGEMENTS 致　谢

　　本书作者刘斌，来自联合国粮食及农业组织（简称"联合国粮农组织"）食品与营养司。由衷感谢联合国粮农组织诸多同事在讨论中所做的宝贵贡献，特别是 Andrea Polo Galante 和 Florence Tartanac。

　　本书作者要感谢 Emilie Vandecandelaere，她经验丰富，就地理标志的背景、原则和修改贡献了宝贵建议。

　　本书作者要特别感谢 Ana Rodriguez-Mateos 博士（伦敦国王学院营养学讲师），她仔细审阅了书稿并提供了重要意见，极大地提高了本书的科学性。

　　本书作者还想感谢 Chiara Deligia 和 Annalisa De Vitis 在协调本书出版中所做的贡献，感谢 Ellen Pay 的编辑工作，感谢 Davide Moretti 的排版工作。

x

CONTENTS **|目　录|**

摘要···v

缩略语···vii

致谢···ix

1　全球范围内地理标志：简介 ······································· **1**

1.1　地理标志基本介绍　·· 1

1.2　地理标志食品在全球的分布特点　································ 5

1.3　地理标志食品及营养　·· 9

2　地理标志食品的营养价值：个案研究 ······················· **12**

2.1　案例1：卡纳伦特贾纳（葡萄牙牛肉）······················ 12

2.2　案例2：腐乳（中国发酵豆腐）及其他发酵豆制品 ········· 16

2.3　案例3：帕尔马干酪以及哥瑞纳帕达诺奶酪（意大利奶酪）······ 27

2.4　案例4：南非博士茶（南非草本植物茶）··················· 37

2.5　案例5：婆罗洲高原（马来西亚和印度尼西亚）本土大米········ 41

3　专题 ··· **51**

3.1　规范地理标志食品以保持和提高营养质量 ···················· 51

3.2　地理标志食品对健康饮食的潜在贡献 ························ 53

3.3　食品成分测定 ·· 55

4 总结 ···································· 59

4.1 不足 ································· 59

4.2 地理标志食品研究与开发的未来之路 ·············· 60

参考文献································ 63

附录 益生菌、益生元、发酵食品及肠道菌群·········· 85

附录1 定义及常见类型 ····················· 85

附录2 饮食及肠道菌群 ····················· 86

附录3 肠道菌群及健康 ····················· 87

附录4 肠道菌群的治疗和补充 ················· 88

附录5 总结及未来研究方向 ·················· 89

1　全球范围内地理标志：简介

1.1　地理标志基本介绍

　　某些产品生产历史悠久，与原产地文化、历史和环境联系紧密。这些产品虽然大多为食品，但皮革手工艺品等其他类型的产品，也可能与其原产地有密切联系。由于当地居民和环境之间存在某种互动，所以这些产品都具有某些特征，深受诸多只属于原产地或当地风土（插文1）的条件影响。这些产品所拥有的独特品质使其有别于一般产品，例如与原产地没有紧密联系或无法识别产地的那些产品，深受消费者喜爱。因此，可以说这些品质增加了产品的价值。

插文1　风土的概念

　　风土（terroir）是法语单词，原意是土壤、领土或地区。从社会文化层面出发，风土在地理标志中指与产品有关的地理区域。其定义广泛，且随着时间的推移，不断变化。以下列出了一些重要的定义，它们都强调了人类与环境之间的互动，以及这种互动对产品地理特性的重要性。

　　法国农业科学研究院（INRA）和法国农业部所辖原产地与质量管理局（INAO）提议以下定义，该定义在联合国教育、科学及文化组织（UNESCO，简称"联合国教科文组织"）2005年组织的会议上，得到了与会者的认可（"Rencontres internationales planète terroirs"）。

　　风土是某一限定的地理区域，随着历史的演变，人类与环境不断互动，人类社区发展了独特的文化、知识和实践体系，风土的定义便由此发展而来。因相关专业知识具有原创性和典型性，人们能够认识到某些产品和服务发源于特定地理区域，属于当地居民所有。能称作风土的区域往往活力无限，新意十足，并不局限于传统领域（Terroirs & Cultures 和

UNESCO，2007）。

Vincent、Flutet 和 Nairaud（2008）提出了以下定义：

风土是某一限定的地理区域，在此区域内，随着历史的演变，人类与物理和生物环境不断互动，基于此，人类社区建立了集体的生产知识体系。从成型的社会技术层面出发，该地理区域产品具有原创性和典型性，为该地域带来了声誉。

联合国粮农组织出版物对风土作了如下定义：

风土一词表明，随着时间的推移，某一区域的产品能够展现出特殊性和典型性。自然资源往往与人类干预有关，因为自然环境受到人类选择和调节的影响。之所以做出这些选择和调节，是受到当地文化遗产和开发技艺的影响，生产方法需要适应环境。风土及其不同组成部分，即传统和技艺，是该地区民众长期以来活动的结果。这意味着，产品与当地社区息息相关，并具有传承性（FAO，2009）。

资料来源：插文中引用的参考文献和国际地理标志网络组织（oriGIn），2019a。

为保护与原产地相关的特色产品，特别是其商品名称和商标，防止不公平竞争和仿冒，一系列措施得以出台。此类措施最早可追溯到15世纪，当时，法国议会颁布了一项法令来保护洛克福羊乳干酪（Roquefort，一种用法国洛克福地区的羊奶制作的蓝色奶酪）（Folkeson，2006）。在现代，地理标志产品以集体知识产权的形式得到保护，此举基于一系列知识产权相关的国际条约，包括《保护工业产权巴黎公约》（1883）、《制止商品产地虚假或欺骗性标记马德里协定》（1891）、《保护原产地名称及其国际注册里斯本协定》（1958）及《与贸易有关的知识产权协定》（1995）[①]。

世界知识产权组织（WIPO）定义地理标志为：

地理标志是一种标志，地理标志产品是指产自特定地域、所具有的质量或声誉取决于该产地的产品。注册为地理标志专用标志意味着该标志可用来区分特定地域的产品。此外，产品质量、特性或声誉本质上取决于该产地。因产品质量取决于原产地，所以二者间存在着显著联系（WIPO，无日期）。

世界各国都用地理标志来保护具有原产地特征的产品。受地理标志保护的产品通常是农产品、食品、葡萄酒及烈酒、手工艺品或工业产品。地理标志保护涉及很多方面，如法律框架、经济与市场、文化、环境。大量文献研究了地理标志的潜在社会经济和其他效益（插文2）。

---

① 条约详情可见www.wipo.int/geo_indications/en/。

应该强调的是，这些潜在效益是否以及在多大程度上能得以实现，很大程度上取决于社会、政治和经济或市场。而目前的经验和证据不足，有的甚至自相矛盾，并不能证实某些益处。因此，我们不应将这些联系视作理所当然，而应在逐一分析的基础上，谨慎对待。

插文2　使用地理标志带来的潜在效益

社会经济效益

产品质量有保障能提高消费者福利，维护生产者利益。

对消费者而言，地理标志不单单表明某一产品具有特性，来自特定地域，还意味着声誉、品质等。与商标不同的是，地理标志象征着集体声誉，特定群体会参与到产品生产中。地理标志通过保护生产者的集体知识产权，打击冒认和盗用地理名称行为。带有地理标志的产品也符合食品安全和质量要求，因此在这些方面为消费者提供了更多保障。

通过差异化及价值创造改善市场准入条件

对生产者而言，地理标志意味着自己地区的产品有别于市场上其他产品，更有利于他们议价。地理标志赋予产品基于原产地的经济、文化及社会价值，而同样的价值不会出现在其他区域内。这意味着，由于消费者愿意为地理标志产品支付更高的价格，地理标志产品会存在溢价行为。

助力农村发展

地理标志可从以下两方面影响农村发展：一是给予直接参与生产过程的特定人群报酬，为该地域内的所有相关个体带来诸多利益。二是激发生产者的创业热情，这可能会对农村社区产生长期的变革性影响。

从集体层面来看，与原产地相关产品也可以促进生产者之间的平等关系，将其凝聚在一起（例如，旅游业、学校等相关个体和利益相关者），从而加强当地相关个体间的社会联系。地理标志通常会为当地创造就业机会，特别是当地理标志产品的声誉促进了当地旅游业的时候。

保护传统技艺

倘若生产过程涉及传统技艺，地理标志政策会给予产品各种补助，奖励使用相关技艺的生产者，鼓励他们保护传统技艺。

地理标志与其他方法相比，在保护传统技艺上更具优势。第一，地理标志保护知识产权，因此有效地保护了当地社区拥有的传统技艺。第二，地理标志的保护将传统技艺纳入公共领域规则。因此，可以防止实体或个人独占该技艺。第三，只要与原产地的联系依旧存在，标志也仍是独特的，地理标志相关权利通常可以被无限期持有。

促进食品安全

使用地理标志会促使生产者执行食品安全标准，如注意生产卫生。此外，地理标志还可以通过保护原产地产品免受假冒来促进食品安全。

推进两性平等

有些产品主要是由妇女生产的，推广这些产品可能可以使妇女的工作得到社会认可，让妇女有经济来源，为她们在农场或小型工厂参与创造附加值提供了机会。

目前，地理标志相关国际条约和法律框架并未囊括任何与性别有关的条款。因此，它们并未承认，妇女在地理标志产品生产中，经常发挥了关键作用。这种性别中立的做法可能会导致妇女被排除在地理标志体系外，因为不论是从社会、文化还是财政来看，她们往往不具备参与其中的能力，在这方面也很少有援助。无论性别如何，小农户可能也面临类似的困境。

自2002年以来，在欧洲联盟（EU，简称"欧盟"）及联合国粮农组织出版物中，妇女在保护生物多样性、农业生产、传统食品加工过程中起到的作用日益得到认可。[①] 这两个机构都呼吁，在立法和管理框架中对妇女做出的贡献给予更多关注。

保护生物多样性及自然资源

地理标志产品的特性取决于当地环境中得天独厚的自然资源。因此，地理标志产品生产者十分愿意保护当地环境及自然资源。因行为守则或产品规范将生物多样性考虑在内，地理标志还可能有利于保护生物多样性。

一方面，与原产地相关的产品是传统生产体系的结果，如广泛的畜牧业，涉及的技术和投入对环境的影响往往比现代体系中涉及的要低。另一方面，地理标志的使用可能会刺激需求，使得生产者增加产量。因此，可能很有必要建立产量上限标准，以确保当地自然资源的可持续利用。

资料来源：Bramley，2011；De Rosa，2014；FAO，2009；FAO，2018a；Parasecoli，2010。

[①] 例如：欧盟委员会（European Commission），2019；Fremont，2001；联合国粮农组织，国际马铃薯中心和东南亚区域农业研究生及研究中心（东南亚教育部长组织），2002；联合国粮农组织，2006。

1.2 地理标志食品在全球的分布特点

国际地理标志网络组织（the Organization for an International Geographical Indications Network，oriGIn）创立于2003年，是一个由地理标志生产者协会和相关机构组成的全球联盟。该组织维护着巨大的地理标志产品数据库。由于库中产品均已登记，所以它们在全球范围内以某种方式受到保护。[①] 本书的讨论范围是，该数据库剔除了非食品产品、烈酒、葡萄酒及其他酒精饮品的部分。[②] 本书提到的地理标志产品为其余产品。如图1-1和图1-2所示，各大洲注册的地理标志数量上存在很大差异；而同一大洲不同国家注册的地理标志数量上也存在很大差异。虽然地理标志产品规定在不同国家有所不同，注册数量会因流程及标准而变化，但这代表着地理标志在不同国家的发展程度及重要性。

图1-1　2018年各洲地理标志食品总数及各国平均数

注：就俄罗斯联邦和土耳其等洲际国家而言，地理标志食品数量归入其原产地所在洲。

大洋洲的产品不符合本书选择地理标志食品的标准。

如图1-1和图1-2所示，世界上大多数地理标志产品注册于亚洲和欧洲，前者占全球已注册地理标志份额（3 841）的53%，后者占40%。在亚洲已注册地理标志食品中，单单中国就占了半数以上，为51%，接着是日本（16%）、土耳其（7%），土耳其所有相关产品产地均位于亚洲。在欧洲，意大利、法国及西班牙这三个国家合计占欧洲地理标志产品的47%。

① 详情可见 www.origin-gi.com/i-gi-origin-worldwide-gi-compilation-uk.html（oriGIn，2019b）。

② 数据库最后一次访问时间为2018年12月。

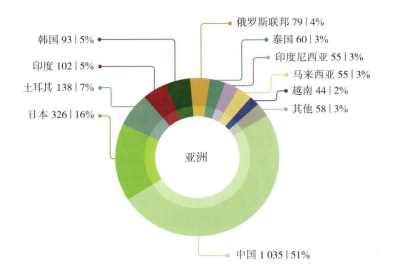

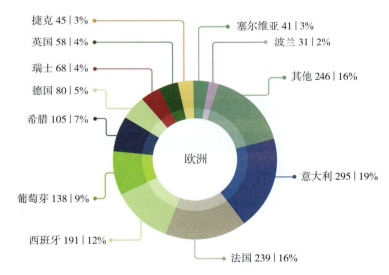

图1-2 亚洲和欧洲各国食品注册地理标志的数量

注：土耳其的产品数纳入了亚洲，俄罗斯联邦的产品数（除了三种产品）也纳入了亚洲。

国际地理标志网络组织数据库将地理标志食品分为以下几个类别，也可称之为食品类型，图1-3显示了它们在不同地区的分布情况。在全球范围内，水果、蔬菜和谷物占地理标志食品总量比重最大；除中美洲之外，其他地区都是如此。在中美洲，大多数注册为地理标志的食品为咖啡。在欧洲和亚洲这两个地理标志最为常见的区域，地理标志产品存在一些明显差异。水果、蔬菜和谷物占亚洲地理标志产品的大部分，但它们在欧洲占比较低。鱼类和贝类这两类水产品及茶叶在亚洲所占的份额也高于欧洲。与此同时，奶酪、加工肉类和植物油在欧洲所占的份额要高于亚洲。

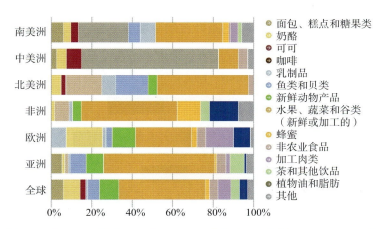

图1-3　各地区地理标志食品类别占地理标志总注册量的比例（2018年）

资料来源：oriGIn，2019b。

　　以上特征部分可由地理标志食品的本质解释。长期以来，这些产品通常都在原产地生产。因此，可以预期的是，已注册的地理标志食品类别的分布在一定程度上会反映当地人口的饮食习惯和偏好。全球饮食数据库2010年发布的饮食数据部分证实了这一点[1]。图1-4显示了某些食品的人均消费及这些地理标志食品各类别在中国、日本、意大利、法国和西班牙的分布情况，这五个国家为地理标志食品注册最多的国家。从图表可以观察到一些有趣的现象。

　　例如，奶酪是由牛奶制成的，如果牛奶不是传统意义上由特定地区生产的，那么该地区的奶酪就不太可能申请地理标志。历史上，中国大部分地区没有生产和消费牛奶及奶制品的传统，因此除了一款奶制品（某种奶皮）外，中国没有其他牛奶或奶酪制品注册了地理标志。历史趋势也在一定程度上反映了中国的奶类消费低，人均为17.5克/天，而其他四个国家的人均水平至少为144克/天。目前，尽管日本的牛奶消费量与三个欧洲国家相似，但其生产历史并不长，这或许可以解释为什么日本没有地理标志奶酪产品。日本作为

---

　　[1]　详情可见https://www.globaldietarydatabase.org/our-data/data-visualizations/dietary-data-region （Tufts University, 2019）。

岛国，海鲜消费量最高，人均为75.4克/天；因此，日本的鱼类和贝类在地理标志食品中所占的比例高于其他四个国家，为18%。中国人和日本人是饮茶大户，2016年人均年消费量分别为0.57千克和0.97千克；而意大利人、法国人和西班牙人的饮茶量较低，2016年人均年消费量分别为0.14千克、0.20千克和0.15千克（Statista，2020）。上述情况也反映在五个国家的地理标志茶叶注册数量上：中国和日本都有相当多的茶叶注册了地理标志，分别为113和17，而其他三个国家则没有。

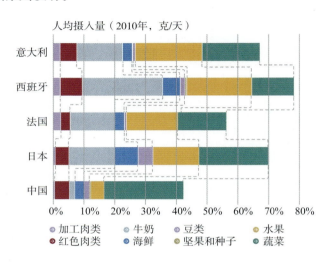

人均摄入量（2010年，克/天）

⦿ 加工肉类　⦿ 牛奶　⦿ 豆类　⦿ 水果
⦿ 红色肉类　⦿ 海鲜　⦿ 坚果和种子　⦿ 蔬菜

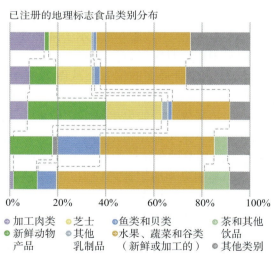

已注册的地理标志食品类别分布

⦿ 加工肉类　⦿ 芝士　⦿ 鱼类和贝类　⦿ 茶和其他
⦿ 新鲜动物　⦿ 其他　⦿ 水果、蔬菜和谷类　饮品
　产品　乳制品　（新鲜或加工的）　⦿ 其他类别

图1-4　五个国家的某些食品消费和相关已注册的地理标志食品类别分布

资料来源：塔夫茨大学，2019（上图）和oriGIn，2019b（下图）。

然而，由于各种原因，地理标志的注册并不总是反映消费模式。首先，注册地理标志对财力有要求，比如用于研究、宣传、提高知名度、能力建设等。

因此，推动食品注册地理标志的主要因素可能不是饮食，而是财力，尤其是在发展中国家，需由捐助者提供经济援助。

其次，一些地理标志食品需要特殊的原料和工艺，只在特殊场合食用。长期以来，这些食品并不是当地人日常饮食的组成部分。此外，一些地理标志食品瞄准高价值市场，如高收入城市消费者或出口市场，不再主要瞄准当地消费市场。

1.3 地理标志食品及营养

在一系列高级别活动和倡议中，营养问题已成为发展议程中的重点议题，包括联合国粮农组织和世界卫生组织（WHO）于2014年组织的第二届国际营养会议（ICN2）、联合国大会于2015年通过的可持续发展目标及"联合国营养问题行动十年"（2016—2025年）。

当今世界遭遇着复杂的营养问题。大多数国家为各种形式的营养不良问题所累，包括营养不足、微量营养素匮乏、超重或肥胖。这些问题可能在某一国家、家庭或个体内共存（世界粮食安全委员会，2016）。人体营养状况受到饮食的严重影响。事实上，有明确证据表明，营养不良和非传染性疾病（NCDs）之所以在全球蔓延是由于不良饮食［2017年全球负担研究饮食协作者（GBD 2017 Diet Collaborators），2019］。心血管疾病、癌症、慢性呼吸道疾病和糖尿病等非传染性疾病目前是全世界死亡的主要原因（FAO，2018b）。目前，在世界上许多地区，居民饮食中含有大量不健康食品，如富含糖、盐和热量的超加工食品，而坚果、水果、蔬菜和豆类等营养食品含量较低。造成这一趋势的部分原因是城市化快速发展、人们收入增加及营养食品不易获取（Willett等，2019）。此外，这种饮食结构下的食品生产正在将地球环境系统推至安全线外（Willett等，2019）。

粮食体系对塑造人们的饮食习惯很重要。由于技术进步、市场自由化、城市化和气候变化等诸多因素，全球粮食体系发生了迅速而翻天覆地的变化（FAO和WHO，2018）。现代粮食体系无疑改善了世界许多地区的粮食安全和营养状况。然而，它们也在不同程度上表现为超加工食品大量存在、食品损耗和浪费比率高，以及可消费和多样化的营养食品（例如水果和蔬菜、豆类、乳制品及鱼类）匮乏。传统的粮食体系和饮食结构可以解决这一难题以及其他相关的紧迫问题，如环境退化和农用化学品及抗生素滥用。

一些重要文件提到了传统食品、饮食结构和粮食体系在人类营养状况中起的作用，如第二届国际营养会议重要成果文件《行动框架》及《罗马营养宣言》（FAO 和 WHO，2014a，2014b）。2017年，粮食安全和营养问题高级别专家小组（HLPE）的一份报告概述了当前粮食体系在营养食品供给方面面临的挑战，该报告中的许多章节专门讨论了传统粮食体系和饮食结构（HLPE，2017）。

本书结构如下，共有五个案例，研究了五种已注册的地理标志食品的营养潜力，分别是：卡纳伦特贾纳（葡萄牙牛肉）、腐乳（中国发酵豆腐）、帕尔马干酪和哥瑞纳帕达诺奶酪（意大利发酵奶酪）、南非博士茶（南非草本植物茶）和婆罗洲高原（马来西亚和印度尼西亚）本土大米。

本书选择这些产品是基于现有文献、营养价值和地理平衡。它们都是地理标志产品的极佳例子，在当地生产历史悠久，质量优异，享有很高的声誉，获得消费者的一致认可。它们的生产过程由当地政府明确定义和记录，而且最终产品的营养成分是已知的。对这些食品在以下各个重要方面有深入研究：原材料在生产过程中发生的物理和化学变化，营养素对健康的影响，消费者对产品的信念、态度和行为，以及相关政策情况。本书讨论的食品都极富营养，牛肉、腐乳和奶酪富含蛋白质、维生素和矿物质，南非博士茶含有丰富的食品生物活性物质，大米则是东南亚的主食。摄入腐乳和奶酪等发酵产品可能会预防非传染性疾病，因为其中放射毛霉菌、毛霉菌和根霉菌等微生物和乳酸菌（LAB）可以产生多种生物活性化合物。

本书对这些案例的介绍结构基本一致。先做简介，再探讨生产过程及可能存在的食品安全风险，接着阐述了食品营养价值的利弊，重点是食品生产过程与营养价值之间的联系。同时，本书强调了普通营养素和通常不会出现在营养成分表中的生物活性化合物，也在各自章节简要介绍了一些与案例研究主题类似的食品（但不一定是地理标志食品）。

在个案研究后，本书第三章简要讨论了三个专题：规范地理标志食品以保持和提高营养质量、地理标志食品对健康饮食的潜在贡献以及食品成分测定。第四部分讨论了本书的局限性，并提出了以地理标志食品促进健康饮食的建议。很多受地理标志保护的传统食品是发酵食品，因此，附录涉及了益生菌、益生元和肠道菌群。

©TOUNSI Kamel/HUSSAOUI Hakim

2 地理标志食品的营养价值：个案研究

2.1 案例1：卡纳伦特贾纳（葡萄牙牛肉）

简介

阿连特茹牛产自葡萄牙中南部及南部地区，是当地特有的品种。长期以来，通过选择育种，选优汰劣。阿连特茹牛肉名为卡纳伦特贾纳 (Carnalentejana)，1966年经欧盟审批为受保护的原产地名称（PDO，插文 3）。独特的生产过程以及阿连特茹地区的自然环境决定了这种牛肉独特的营养价值。

> **插文3 欧盟规则下的受保护的原产地名称（PDO）及受保护的地理标志（PGI）**
>
> 欧盟用受保护的原产地名称及受保护的地理标志来区分与原产地相关的农产品及食品。
> 原产地名称保护下的产品：
> a.产自特定地区，或者在特殊情况下产自特定国家；
> b.品质或特性本质仅取决于特殊的地理环境，包括自然环境及人为因素；
> c.生产步骤全在特定地理区域完成。
> 地理标志保护下的产品：
> a.产自特定地区或国家；
> b.品质、声誉及其他特性本质取决于地理原产地；
> c.至少有一项生产步骤在特定地理区域完成。
> 受保护的原产地名称或受保护的地理标志遵守的规范至少应包含：

　　a.受保护的原产地产品名称或者地理标志产品名称；

　　b.产品介绍，包括原材料和产品主要物理、化学、微生物及感官特性（如有）；

　　c.特定地理区域的定义；

　　d.证明产品来源于所定义的地理区域的证据；

　　e.说明获取产品的方法和在适当情况下，真实和不变的本土方法及有关包装信息；

　　f.以下细节：①产品质量或特性与地理环境之间的联系；②在适当情况下，产品的特定质量、声誉或其他特性与地理来源之间的联系；

　　g.当局的名称和地址；

　　h.相关产品的任何特定标签规则。

　　资料来源：欧洲议会和欧盟理事会，2012。

生产

　　依据受保护的原产地名称规范，阿连特茹牛的饲养方式为半放牧半舍饲饲养（Alfaia等，2006b；Araújo等，2014；Quaresma等，2012）。只有公牛用于肉类生产；天然牧场上，它们在圣栎和栓皮栎下吃草、漫步，不受拘束。草不够时，会辅以谷物和干草。在屠宰前的最后3～5个月，阿连特茹牛的饲料是特制的浓缩饲料，其化学成分包括定量的蛋白质、脂肪和纤维。屠宰时，年龄为20～21月。图2-1描述了其生产过程。

营养特性

　　与蛋白质和氨基酸含量不同，牛肉的脂肪和脂肪酸（FA）含量会受到牛的品种和生产过程的影响（Scollan等，2006）。由于脂肪对健康有不利影响，目前对牛肉营养质量的研究大多集中在肌内脂肪的脂肪酸含量。葡萄牙市场上大多数牛肉来自集中喂养浓缩饲料的杂交牛，卡纳伦特贾纳牛肉作为受保护的原产地名称，比这些牛肉营养价值更高，具体可由以下指标证明（Alfaia等，2006b）：

　　（1）它含有大量的不饱和脂肪酸，如棕榈油酸、油酸和共轭亚油酸（CLAs）。在动物和体外试验中，已证明共轭亚油酸可以预防好几种非传染性疾病，如癌症、肥胖、糖尿病和动脉粥样硬化（Yang等，2015）。

　　（2）与集中喂养的牛肉相比，其n-6/n-3多不饱和脂肪酸（PUFA）比率较低。高比率会导致抑郁症、乳腺癌、心血管疾病和其他非传染性疾病（Goodstine 等，2003；Husted 和 Bouzinova，2016；Patterson 等，2012；Wijendran 和 Hayes，2004）。

卡纳伦特贾纳牛肉作为受保护的原产地名称，其优良品质似乎是由育种方法、当地环境特点和品种特性所决定。

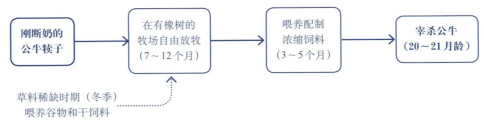

图 2-1　阿连特茹牛饲养过程

注：加粗字体代表原材料及最终产品。

资料来源：Alfaia 等，2006b；Araújo 等，2014；Quaresma 等，2012。

近来，有几项研究调查了欧洲、澳大利亚和美洲的各种纯种牛和杂交牛，发现草饲牛肉比谷饲牛肉或浓缩饲料喂养的牛肉更有优势（Cujó，Brito 和 Montossi，2016；Daley 等，2010；Fruet 等，2018；Moloney 等，2008；Scollan 等，2014），包括：

● 草饲牛肉有更高的共轭亚油酸含量。

● 草饲牛肉含有较高浓度的 n-3 多不饱和脂肪酸和较低浓度的 n-6 多不饱和脂肪酸，因此 n-6/n-3 多不饱和脂肪酸构成比例较低。

● 尽管就饱和脂肪酸（SFA）占总脂肪酸的比例而言，草饲牛肉同谷饲牛肉或浓缩饲料喂养的牛肉可能相似，但后者饱和脂肪酸成分更为健康，这意味着它有更多对胆固醇具有中性作用的硬脂酸和更少的可以升高胆固醇浓度的饱和脂肪酸，如肉豆蔻酸及棕榈酸（Yu 等，1995）。

● 草饲牛肉有更高的维生素 A 和维生素 E 前体（类胡萝卜素和 α-生育酚）以及其他非营养性生物活性物质（黄酮类化合物和谷胱甘肽）含量。

应该指出的是，由于阿连特茹牛在橡树下吃草，而橡子又和其他树上的坚果一样，富含不饱和脂肪酸，所以这可能构成了阿连特茹牛饮食的重要部分。虽然没有报告直接分析喂养橡子对牛肉中脂肪酸含量的影响，但类似研究已在猪身上进行，特别是伊比利亚猪，好几种申请地理标志的伊比利亚火腿皆来自该品种，伊比利亚猪的生活环境与阿连特茹牛的生活环境相似（Rey 等，2006；Tejerina 等，2011，2012）。这些报告表明，对于橡树覆盖的牧场上育肥的伊比利亚猪，猪肉的脂肪酸含量密切受饲料的脂肪酸成分影响。在育肥期间，相对于用浓缩饲料育肥的猪而言，消耗更多草和橡子的猪肌肉中含有更高的不饱和脂肪酸含量。在克罗地亚猪和意大利猪身上，也有类似的发现（Karolyi等，2007；Pugliese等，2009）。虽然牛和猪的脂肪酸合成机制不同，但这些发现在一定程度上揭示了饲料中脂肪酸成分与牛肉之间可能存在的联系。

Alfaia等（2006）比较了2002年10月和2003年6月宰杀的已注册受保护原产地名称的卡纳伦特贾纳牛肉中含有的脂肪酸含量。他们发现，并不存在季节性变化规律，尽管前一批牛比后一批牛能吃到更多的草。相比之下，完全以草和橡子为食的伊比利亚猪的脂肪酸含量则显现出明显的季节性变化（Tejerina等，2011，2012）。卡纳伦特贾纳牛肉（已注册受保护的原产地名称）在脂肪酸含量方面质量稳定，可能归因于最终用浓缩饲料喂养牛的做法。事实上，吃草多的牛比吃草少的牛最终喂养浓缩饲料的时间更长，前者为5个月，后者为3个月。这表明，浓缩饲料可以抵消由草料喂养而上升的牛肉脂肪酸含量，这在同一组作者随后的报告中得到了证实（Alfaia等，2009）。在此项研究中，纯种阿连特茹牛在草料和浓缩饲料的饲喂方案上有所不同，第一组仅饲喂草料，第二组饲喂草料后再饲喂浓缩饲料2个月，第三组饲喂草料后再饲喂浓缩饲料4个月，第四组仅饲喂浓缩饲料。四组脂肪酸含量对比清楚地表明了喂养浓缩饲料对牛肉营养品质的影响。在喂养更多浓缩饲料的牛的肌肉里，总饱和脂肪酸中硬脂肪酸含量更低。此外，它们的肌肉中也含有更少的共轭亚油酸、更少的n-3多不饱和脂肪酸、更少的总多不饱和脂肪酸以及更高的n-6/n-3多不饱和脂肪酸构成比。实际上，由于脂肪酸易于区分，所以可以根据牛肉的脂肪酸含量，用典型判别分析法来设计饲养方案。在另一项采用类似实验设计的研究中，发现在用更多牧草喂养的牛的肌肉中，α-生育酚和β-胡萝卜素的含量明显更高（Quaresma等，2012）。

虽然草料喂养带来了营养方面的益处，但阿连特茹牛半放牧半舍饲的饲养方式也有其合理性。最后用浓缩饲料喂养会让牛肉营养价值轻微下降，但这尚在可接受范围内，因为同完全用浓缩饲料喂养的牛肉相比，注册了受保护的原产地名称的卡纳伦特贾纳牛肉仍然更有营养。最后用浓缩饲料喂养牛的做法，确保注册了受保护的原产地名称的牛肉质量全年稳定，符合现代消费者的要求和期望。营养质量的稳定和优势，是两大极佳卖点，提高了生产商的收入。此外，通过调整自由放牧和集中喂养的时间，生产者既可以适应每年草料供应波动，又能保证牛肉的营养质量。这有可能使注册了受保护的原产地名称的卡纳伦特贾纳牛肉半放牧半舍饲的饲养方式成为一种有效抵御气候变化的生产方法。

营养质量具有可变性，其下降也可能部分归因于阿连特茹品种的特点。梅托伦加牛（Mertolenga cattle）（译者注：此为新术语自定译名）的饲养方法和生活环境与阿连特茹牛非常相似（梅托伦加牛肉，Carne Mertolenga，也注册了受保护的原产地名称）。然而，在Alfaia等的研究中，即便梅托伦加牛和阿连特茹牛饲养方式相同，屠宰时间相同，前者的肉在几个重要的脂肪酸指标上，展现出更明显的季节性变化，包括总n-3多不饱和脂肪酸含量、n-6/n-3多不饱和脂肪酸构成以及总胆固醇含量（Alfaia，2006a）。此外，与卡纳伦特贾纳牛肉相比，梅托伦加牛肉含有的脂肪酸和共轭亚油酸异构体更多地展现出季节性的变化。

总结

从营养学角度看，卡纳伦特贾纳牛肉的特点是具有健康的脂肪酸成分，并且在不同的季节和年份都很稳定。饲养方案和品种特性是决定肉质的主要因素，研究表明，在此案例下也是如此。橡树覆盖的牧场、半放牧半舍饲的饲养方式及阿连特茹品种的特点，共同影响了卡纳伦特贾纳牛肉的化学特性。所有这些特征都是阿连特茹地区独有的。事实证明，地理标志保护可以有效保护这些特征。经推断，地理标志保护也可能有利于保护其他地理标志肉类的营养质量。

2.2 案例2：腐乳（中国发酵豆腐）及其他发酵豆制品

简介

大豆（学名：*Glycine max*）原产自中国。中国发酵技术历史十分悠久，可能超过2 000年，中国用发酵技术来保存豆制品，如豆腐（大豆凝乳），并赋予其极具吸引力的感官品质（Han，Rombouts和Nout，2001）。腐乳（Furu）是最受欢迎的发酵豆制品之一，也被称为菽腐（Sufu）。腐乳类产品以不同的名称在亚洲其他国家广泛生产，如日本、韩国、越南、菲律宾和泰国（Han，Rombouts和Nout，2001）。本节重点讨论中国生产的发酵豆腐，因此使用腐乳这一名称。

目前，中国有七种腐乳产品注册了地理标志，中国国家知识产权局已列出[①]。云南省牟定油腐乳（Mouding oil furu）和四川省五通桥腐乳（Wutongqiao furu）都以独特的生产程序而闻名。

---

① 在dlbzsl.hizhuanli.cn:8888/Product/Search搜索"腐乳"（furu），可查看清单。

生产过程

如图2-2所示，中国各地的腐乳生产过程大致相似，主要有三个阶段。首先，豆腐为发酵原材料，由大豆制成。其次，豆腐经天然或人工接种发酵，形成坯（成型的豆腐块），再清洗坯。最后，用盐水或另一种液体混合物来腌制豆腐。只有经历了最后一个阶段，产品才能被称为腐乳。

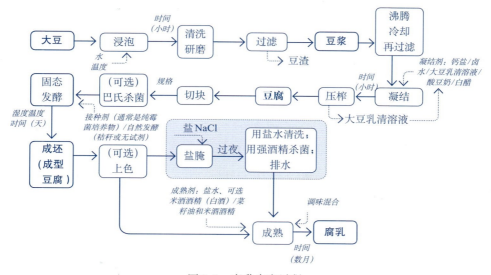

图2-2　腐乳生产过程

注：粗体表示使用材料、中间产品和最终产品；斜体表示大规模或商业化生产和地理标志生产可能会出现不同的情况。

资料来源：改引自Han、Rombouts和Nout，2001；Nout和Aidoo，2002；Wei等，2018；Meishitai Foodvideo，2018。

大多受地理标志保护的腐乳经历了传统生产过程，大规模或商业化生产过程与传统生产过程之间的差异主要涉及生产步骤时长，使用的凝结剂，接种剂、温度和湿度三种发酵条件，使用的成熟剂以及额外的盐化步骤，最后一项对于油腐乳而言尤其重要。此外，用于已注册地理标志产品的大豆、水、凝结剂、成熟剂等生产材料必须来自当地。表2-1列出了大众市场腐乳、牟定油腐乳及五通桥豆腐乳生产过程的主要差异。

决定腐乳营养和特性的关键步骤是发酵和熟化，大众市场和地理标志产品在这点上差异很大。大众市场腐乳采用的接种剂为商业可用的微生物培养物，成熟剂为盐水和普通米酒酒精。与此相反，已注册地理标志的产品采取自然发酵或当地特有的微生物培养物。地理标志腐乳使用的成熟剂也得是当地生产的。地理标志产品的发酵和成熟时间通常比大众市场产品长。

表2-1 大众市场腐乳、牟定油腐乳及五通桥腐乳生产过程的主要差异

	大众市场腐乳	牟定油腐乳	五通桥腐乳
生产季节	一年四季	只有冬季和春季	一年四季
大豆	任何大豆	当地品种（非转基因）	当地品种（非转基因）
浸泡大豆的水	洁净淡水	当地井水	当地井水
浸泡温度和时间	25℃，5～6小时	室温，过夜使豆子完全软化	冬季：5～10℃，18～22小时 春季/秋季：10～15℃，15～20小时 夏季：8～25℃，13～15小时 大豆应浸泡至完全软化
凝结剂	各种；石膏（CaSO$_4$）最常用	压榨时获取的大豆乳清溶液	卤水（有时称为盐卤，溶质主要是氯化镁）
压榨时间	未规定	10～11小时	未规定
切块大小	小（<2厘米的立方体）	大（3厘米立方体）	大（3厘米立方体）
接种剂	各种商业纯霉菌或细菌培养物	自然发酵	自然发酵（没有接种）或五通桥毛霉
发酵条件	2～7天，控制温度（12～25℃）和湿度，根据接种剂不同进行调整	5天，自然温度（15℃左右）和湿度	2天，自然或控制温度（20～24℃）和湿度
盐腌	否	是	否
熟化剂	盐水（10%～12% NaCl）+可选米酒酒精	当地生产的菜籽油+米酒酒精，1：1（V/V）	盐+当地生产的米酒酒精
熟化时间	1～2个月	3个月	6～8个月

资料来源：Nout 和 Aidoo，2002；中国国家质量监督检验检疫总局（AQSIQ），2011，2014。

食品安全和健康问题

与豆腐相比，腐乳的一个主要优势是保质期长。在普通室温和湿度下，新鲜豆腐储存1～2天就会变酸。通过包装技术和消毒、真空包装、利乐包装等工艺可以延长豆腐的保质期，但通常不会超过两个月。腐乳产品不需要这些方法，保质期长主要是由于其熟化过程，即把腐乳浸泡在盐水、酒精、油等保鲜液体制剂中。

除了煮沸豆浆外，腐乳的生产过程中不涉及其他巴氏杀菌步骤；除了食品加工的一般要求外，对生产环境没有其他额外卫生要求。常见的食源性病

原菌，如金黄色葡萄球菌（*Staphylococcus aureus*）、沙门菌（*Salmonella*）、大肠杆菌（*Escherichia coli*）、蜡样芽孢杆菌（*Bacillus cereus*）、产气荚膜梭菌（*Clostridium perfringens*）和李斯特菌（*Listeria monocytogenes*），在腐乳产品中要么未发现，要么远低于食品安全标准（Han等，2001；Wei等，2018）。这是由两个原因导致的：首先，大肠杆菌等病原体不能在高盐环境中生长；其次，腐乳作为一种微生物发酵产品，含有对人体无害的微生物群，可以与病原体竞争，有效抑制它们的生长。

　　然而，腐乳由于受部分微生物群污染，所以相关食品安全事件依旧存在，如2016年，四川一人死亡，两人病重（《成都经济日报》，2016）。自制腐乳中的肉毒杆菌毒素是该事件的元凶。肉毒杆菌厌氧、能产生孢子，可以在含盐和几乎密闭的腐乳发酵环境中生长繁殖。蜡样芽孢杆菌兼性厌氧，能形成孢子，是另一种具有高耐受性的细菌，腐乳在生产过程中常常为其所污染。[1] 这些更说明，在生产发酵食品时，即使优势菌种能够抑制杂菌生长，遵守卫生要求仍极为重要。

　　由于消费者日益迫切的需求，当前腐乳正朝着更加健康安全的方向发展。腐乳存在的主要健康隐患是含盐量高。Wei等（2018）研究了发酵过程中盐含量对腐乳质量的影响，发现在低盐条件下，微生物群的蛋白水解活性在总状毛霉（*Mucor racemosus*）的接种下，比在高盐条件下下降得慢，导致游离氨基酸和游离脂肪酸含量明显提高。研究发现，低盐油腐乳（每100克含2 000～4 000毫克钠）结构更一致、延展性更好，在某些感官评价上得分更高。研究模拟了牟定油腐乳的生产过程，其钠含量约为每100克含6 000毫克。以上结果在一定程度上说明了开发低钠版地理标志产品的可行性。

接种剂的发展：单菌株与多菌株

　　除了遵守卫生要求外，确保腐乳食品安全的另一种方法是干预接种剂。人们普遍认为在发酵食品行业，接种剂应是生物学上的纯单菌株培养物，干扰性微生物应尽可能地少。因此，对腐乳接种剂的优化集中在识别、分离和纯化最有效的发酵微生物上，只有找到接种剂单菌株的最佳条件，才能生产出优质腐乳。在工业界和学术界看来，传统的自然发酵过程中会产生许多微生物，而这些微生物却是潜在的有益发酵菌，例如五通桥毛霉（*Mucor wutungkiao*）的发现和推广。1938年，在研究五通桥腐乳自然发酵过程中的主要活性微生物

---

　　[1]　关于中国腐乳中蜡样芽孢杆菌污染的调查，可参阅：www.fehd.gov.hk/sc_chi/news/details/20170118_0931.html，www.cfs.gov.hk/sc_chi/multimedia/multimedia_pub/multimedia_pub_fsf_103_03.html，www.cnki.com.cn/Article/CJFDTotal-ZNgZ201010006.htm 以及 http://cdmd.cnki.com.cn/Article/CDMD-10561-1014153886.htm。

时，发现了五通桥毛霉，并以地区命名。[①] 此后，五通桥毛霉成为中国腐乳研究和生产中最常使用的发酵菌之一。2012年，五通桥腐乳注册为地理标志产品，确保了含有这一特殊毛霉属的自然环境得到保护。纳豆是一种由大豆发酵而成的日本传统食品，纳豆菌（*B. subtilis* subsp. Natto BEST195）是商业化生产纳豆时用到的发酵菌，与五通桥毛霉发展历史相似（Kubo 等，2011）。该菌株是从用于包裹大豆的干稻草中分离出来的，随后主要用于商业生产。该菌株的全基因组已被测序（Nishito 等，2010）。

Holzapfel（2002）比较了单菌株和多菌株发酵剂的优缺点。使用单菌株发酵剂的优点是可以控制食品质量和安全，但有些类似于单一作物种植的缺点。单菌株发酵剂对微生物遍及的环境适应性差。若保存不当，单菌株受到环境中微生物的直接攻击或基因污染，可能会被抑制生长繁殖，影响发酵性能。因此，最好的办法是使用无菌技术保存菌株。然而，在很多时候，却难以做到这一点。此外，保存、转移和使用单一菌株需要一定的微生物学知识和技能，家庭和小规模生产者常常难以满足此条件。

相对于单菌株发酵剂而言，由于菌株之间存在协同作用，所以多菌株更不容易受到环境中竞争对手的影响。家庭和小规模生产者大量且长期有效的实践就足以证明，多菌株通常不需要严格的储存和使用条件。此外，多菌株使生产者产出具有特殊香气、质地、味道等感官品质的产品，可能会让最终产品更加吸引消费者。

插文 4　地理标志是保护食物生产过程中微生物生物多样性的方法

五通桥毛霉和纳豆菌的例子符合联合国粮农组织发布的《世界粮食和农业生物多样性状况》（FAO，2019）中提到的原则。微生物的遗传资源可用于食品加工和农工业加工，已纳入粮食和农业生物多样性（BFA）范畴。许多国家在向联合国粮农组织提交的关于生物多样性的报告中，强调了发酵食品在饮食中的作用以及食品加工中微生物的重要性。在此领域反复强调的优先事项包括加强传统发酵过程的研究，建立或改善小规模生产者的发酵剂供应（Achi，2005a，2005b；Holzapfel，2002）。

然而，目前的情况不利于这些建议的实施。由于气候变化、城市化以及随之而来的饮食偏好转变，世界各地的传统食品加工工艺和本土知识都在逐渐消失。食品工业和学术界更偏好于开发单菌株接种剂，导致多菌株

---

① Wutungkiao 是四川省五通桥地区的罗马式拼写。在当地发现了这种真菌，遂以产地命名。目前五通桥的拼法是 Wutongqiao，产自五通桥的腐乳称为"五通桥腐乳"。

的潜力及其对传统产品特性的作用无人问津，而这些特性对消费者健康有益，受到了他们的喜爱。立法者、政府机关和金融机构往往忽视或边缘化当地的发酵产品生产者。知识产权、食品安全和特定产品保健功效的健康声明相关的法律框架应得到进一步完善。

地理标志保护可以有效应对以上诸多挑战。传统食品生产工艺及其依赖的、弥足珍贵的微生物生物多样性和本土知识，可以由地理标志体系来保存和保护。解决营养、食品安全、知识产权和健康声明相关问题的法规和法律框架，也可以纳入地理标识体系中或与之关联。注册地理标志有利于当地生产者得到资金和政策支持。

相对而言，多菌株发酵剂繁殖的缺点可能可以通过控制生产条件来解决，例如引入良好生产规范（GMP）和危害分析与关键控制点（HACCP）体系。高通量技术的最新进展已应用于腐乳和其他发酵食品接种剂，简化并加快了多菌株发酵环境里的菌株鉴定和量化（Han等，2004；Johansen等，2014；Liu，2017；Liu等，2015；Tamang，Watanabe和Holzapfel，2016）。另一个蓬勃发展的研究领域是不同菌株间的协同作用，该领域极大地受益于技术进步，包括高通量测序和基因组学建模（Frey-Klett等，2011；Ivey，Massel和Phister，2013；Sieuwerts等，2008；Smid和Lacroix，2013；Zhu，Zhang和Li，2009）。

如果能更好地了解多菌株和多菌株间的协同作用，多菌株发酵剂就能更好地储存、使用和改进。有了这些信息，无论是家庭、小规模和商业生产，所有规模的发酵食品生产质量和效率都可以得到提高。

应该注意的是，发酵剂类型和生产规模之间没有绝对联系。发酵食品商业生产中也用到了许多已知的多菌株发酵剂，而在地理标志或传统食品中使用五通桥毛霉之类的单菌株发酵剂的情况也并不罕见。单菌株和多菌株发酵剂都各有优缺点，并没有高下之分。使用哪种类型的发酵剂应根据当地情况和需求来决定。地理标志体系保护了传统工艺，而传统工艺通常不涉及复杂技术，因此该体系有益于各个规模的生产者培养适宜的发酵剂菌种，特别是家庭和小规模生产者。

其他发酵豆制品

发酵豆制品在许多国家都非常受欢迎，特别是亚洲和非洲部分地区。表2-2列出了部分豆制品及其在发酵过程中用到的主要微生物。这些产品虽然生产步骤比较相似，但由于底物、微生物和发酵环境有所不同，所以这些产品各具当地特色。除了表2-2中提及的主要微生物外，其他一些微生物可能存在于最终产品中，特别是那些经过自然发酵的产品。例如，包括短芽孢杆菌（*B. pumilus*）、地衣芽孢杆菌（*B. licheniformis*）、蜡样芽孢杆菌（*B. cereus*）和坚强芽孢杆菌（*B. firmusa*）在内的好几种芽孢杆菌可以同低数量的乳酸菌和酵母菌共存于豆制品达瓦达瓦（dawadawa）（译者注：此为新术语自定译名）的微生物群中，但占优势的是枯草芽孢杆菌（*B. subtilis*），约占所有芽孢杆菌属的50%（Dakwa等，2005）。这些微生物对最终产品的质量、安全和营养价值的正面和负面影响都值得进一步调查。经证实，由于地理标志保护能有效保护这些产品，因此相关产品研究得以开展。

表 2-2 亚洲和非洲的发酵豆制品

国家（地区）	产品名称	类型	涉及的主要微生物
泰国	泰国豆豉（Thua nao）	发酵大豆	枯草芽孢杆菌
印度	夏威杰尔（Hawaijar）（译者注：此为新术语自定译名）	发酵大豆	芽孢杆菌属
日本	纳豆（Natto）	发酵大豆	纳豆菌
韩国	清麴酱（Cheonggukjang/chongkukjang）	发酵大豆	枯草芽孢杆菌
尼泊尔及印度	基内玛（Kinema）（译者注：此为新术语自定译名）	发酵大豆	枯草芽孢杆菌
印度尼西亚	丹贝（Tempeh）	发酵大豆	根霉菌
中国	中国豆豉（Douchi）	发酵大豆	米曲霉
尼日利亚及加纳	达瓦达瓦（Daddawa/dawadawa）	发酵大豆	枯草芽孢杆菌
中国	腐乳（Furu）	发酵豆腐	放射毛霉菌、毛霉菌、根霉菌
日本	味噌（Miso）	调味品	米曲霉
东亚及东南亚	酱油（Soy sauce）	液态调味品	米曲霉

资料来源：Anal，2019；Chen等，2012；Dakwa等，2005；Omafuvbe、Shonukan和Abiose，2000；O'Toole，2016；Parkouda等，2009；Sarkar等，1994。

营养成分和其他有益的化学物质

众所周知，豆腐含有丰富的蛋白质、维生素和矿物质（Messina，2016）。随着知名健康营养专家呼吁全球转向以植物为基础的饮食，以造就可持续发展的食品业，应对非传染性疾病的流行（Willett等，2019），豆腐在饮食中起到的功效正受到越来越多的关注。

通过发酵等步骤，豆腐的营养成分发生了变化，一些营养成分的含量有所提高。表2-3列出了豆腐和腐乳的营养成分含量。

在中国食品成分表中，腐乳被归类为调味品，而豆腐则被归类为豆制品（中国疾病预防控制中心营养与健康所，2005）。

表2-3　豆腐和腐乳的营养成分

营养成分	每100克			
	豆腐，半软（北豆腐）[1]	腐乳，石宝寨牌（地理标志）[1]	腐乳，王致和牌（非地理标志）[1]	腐乳[2]
近似值				
水（克）	78.6	67.4	69.2	70.01
能量（千焦）	462	479	642	484
蛋白质（克）	9.2	9.5	12.3	8.92
总脂肪（克）	8.1	7.7	11.6	8
碳水化合物（克）	3.0	2.7	0.6	4.38
食用纤维	2.8	0.9	0.6	
矿物质				
钙（毫克）	105	222	100	46
铁（毫克）	1.5	5.9	5.1	1.98
镁（毫克）	63	20	—	52
磷（毫克）	112	202	—	73
钾（毫克）	106	146	—	75
钠（毫克）	7.3	5 008.2	2 080.0	2 873
锌（毫克）	0.74	4.78	—	1.56
维生素				
维生素C（毫克）	微量	—	0	0.2
硫胺素（毫克）	0.05	0.03	—	0.157
核黄素（毫克）	0.02	0.08	—	0.101
烟酸（毫克）	0.11	微量	—	0.379
维生素B_6（毫克）	0.03	—	—	0.091
叶酸（微克）	39.8	12.2	—	29
维生素B_{12}（微克）	—	1.98	—	0
维生素A（微克视黄醇当量）	—	18	—	0
维生素D（国际单位）	—	—	—	0

（续）

营养成分	每100克			
	豆腐，半软 （北豆腐）[①]	腐乳，石宝寨牌 （地理标志）[①]	腐乳，王致和牌 （非地理标志）[①]	腐乳[②]
脂类				
总饱和脂肪酸（克）	3.8	2.6		1.157
总单不饱和脂肪酸（克）	2.9	2.7		1.767
总多不饱和脂肪酸（克）	0.6	1.9		4.516
总反式脂肪酸（克）	—	—		0
胆固醇（毫克）	—	—		0

注：—代表未测试；空白代表无数据。
资料来源：①中国疾病预防控制中心营养与健康所，2005。
②美国农业部农业研究局，2019a。此处腐乳指"加盐腌制发酵的豆腐"。

理由显而易见：腐乳在盐水中长时间腌制后变得非常咸。地理标志腐乳产品通常腌制时间更长，钠含量也明显高于非地理标志腐乳。这一点可由印在几种地理标志腐乳产品包装上的营养成分信息所证实。例如，根据营养成分表，牟定腐乳、桂林腐乳和五通桥腐乳每100克中含有6 000毫克、3 000毫克和>4 000毫克钠。相比之下，非地理标志腐乳每100克中一般含有约2 000毫克钠。

同时，在腐乳生产过程中，某些营养成分含量会上升，特别是矿物质，例如铁、磷和锌。石宝寨腐乳中钙含量特别高，这是非地理标志产品所不具备的优点。豆腐和腐乳中能量、宏量营养素和维生素含量大致相似。因此，就像豆腐一样，可能也可以将腐乳视作良好的植物性蛋白质来源。应该强调的是，为了充分掌握腐乳带来的诸多营养益处，在确定适当摄入量时必须考虑该产品的钠含量。注意，在烹饪时，腐乳可以作为盐的替代品。

有趣的是，我们发现用高大毛霉接种的石宝寨腐乳中维生素B_{12}含量极高，为1.98微克/100克，与一些动物性食品中含量相当，而非地理标志产品中并未发现此营养成分。大豆和豆腐中维生素B_{12}含量很低，所以腐乳中维生素B_{12}含量高只能归因于发酵过程。研究表明，其中起关键作用的可能是细菌，而不是真菌。Bao等（2019）发现，将罗伊氏乳杆菌（*Lactobacillus reuteri*）引入接种剂后，腐乳最终产品中维生素B_{12}含量增加了约4倍。该研究还表明，接种剂中的真菌对维生素B_{12}含量造成了负面影响，此案例中用的主要为毛霉菌。在丹贝身上也发现了类似的证据。丹贝源自印度尼西亚，是一种以大豆为基础的发酵食品。丹贝中维生素B_{12}含量也很高（Nout和Rombouts，

1990），而且经证实，弗氏柠檬酸杆菌（*Citrobacter freundii*）和肺炎克雷伯菌（*Klebsiella pneumoniae*）是发酵过程中促使维生素B_{12}形成的主要微生物（Denter 和 Bisping，1994；Keuth 和 Bisping，1994，1993）。这些信息都表明，石宝寨腐乳中维生素B_{12}含量高可能是由于当地生产环境或接种剂中的细菌。我们需要进一步研究，收集更多的证据，以了解腐乳发酵过程中维生素B_{12}是如何形成的。

豆腐发酵过程中会形成很多化合物，而这些化合物通常不会列入食品成分表中。其中一些化合物有益于营养和健康，另一些化合物构成诸多良好感官品质的化学基础。

有人认为，大量摄入大豆食品有益于健康，如降低子宫内膜癌、乳腺癌和前列腺癌等激素依赖性肿瘤风险，减轻以骨质疏松为代表的更年期症状，预防心血管疾病（Larkin，Price 和 Astheimer，2008；McCue 和 Shetty，2004）。为了证实这些益处，已经开展了许多研究。例如，用膳食大豆或大豆蛋白和异黄酮补充剂开展饮食干预研究和临床试验。然而，这些研究的结果差异很大，不同研究的重复率也很低（Larkin，Price 和 Astheimer，2008）。

目前仍不清楚大豆食品中蕴含的营养成分是如何有益于健康的。人们历来将其归因于大豆中高含量的异黄酮及认为的抗氧化作用。然而，最近有许多研究表明，人体内机制更为复杂，通过特定的蛋白质可能触发各种信号通路（Spencer 和 Crozier，2012）。

在大豆食品中，异黄酮以糖苷和糖苷配基这两种形式存在（Wang 和 Murphy，1994）。在豆腐和大豆发酵过程中，微生物的 β-葡萄糖苷酶可以水解糖苷键，释放出其中的糖苷配基。有数据证明，发酵大豆食品中糖苷配基含量高于非发酵食品，而后者的糖苷含量更高（Wang 和 Murphy，1994）。在体外和小鼠模型实验中，异黄酮糖苷配基的生理活性高于糖苷（Naim 等，1976；Yuan 等，2003）。

发酵条件可能影响腐乳的化学成分。Huang、Lu 和 Chou（2011）的研究表明，高发酵温度和长发酵时间会导致腐乳中糖苷配基含量高，糖苷含量低。该研究的对象为米曲霉（*Asperigillus oryzae*）发酵的腐乳，发酵最高温度是45℃，最长时间是16天。然而，不同真菌菌株的最佳发酵条件并不一致。有研究以雅致放射毛霉（*Actinomucor elegans*）发酵的腐乳为研究对象，发现相比32℃，在26℃下发酵的腐乳中糖苷配基含量更高（Yin 等，2005）。

目前就异黄酮对健康的影响，并没有研究取得结论性结果。一项使用异黄酮片作为膳食补充剂的研究表明，日本妇女对异黄酮糖苷配基的吸收速度和吸收量高于糖苷（Izumi 等，2000）。而另一项研究为19名健康的绝经前美国妇女补充单剂量异黄酮糖苷配基和糖苷，却得出相反结论：尽管糖苷配基形式更快达到峰值，但糖苷形式的生物有效性高于糖苷配基，生物有效性由血浆浓度—时间曲线下面积决定（Setchell等，2001）。还有一项研究让6名欧洲绝经后妇女服用大豆饮料，从而补充糖苷配基和糖苷形式的异黄酮。研究人员得出的结论是，此前将糖苷水解为糖苷配基的过程并不能提高人体内异黄酮的生物有效性（Richelle等，2002）。另一项研究与之相似，研究人员让16名39～53岁美国健康妇女食用糖苷配基和糖苷片，发现48小时后，人体内以糖苷配基和糖苷形式存在的异黄酮生物有效性差异并不大（Zubik和Meydani，2003）。这些相互矛盾的报告表明，不能简单地得出糖苷或糖苷配基哪个生物有效性更高的结论。种族背景、饮食习惯以及肠道菌群和食物基质等诸多复杂因素都可能影响异黄酮在人体中的代谢和生物有效性（Larkin，Price和Astheimer，2008；Zubik和Meydani，2003）。要了解这些因素，需要精心设计、高质量的研究。

发酵豆制品中另一组对健康有积极作用的化学物质为短肽。发酵过程中，在微生物酶的作用下，大豆蛋白水解或自由氨基酸合成时会产生短肽。在细胞研究和动物模型中，已证实这些肽有以下作用：通过抑制血管紧张素转化酶（ACE）抗高血压、抗菌、抗糖尿病和抗癌。然而，上述作用并未在人体研究中得到证实（Sanjukta和Rai，2016）。Ma等（2013）研究了发酵条件对腐乳血管紧张素转化酶抑制活性的影响。在此研究中，腐乳在不同的氯化钠浓度和时间（1～8周）下，由雅致放射毛霉发酵。相比于11%和14%的高盐浓度，在5%和8%低盐浓度下熟化的腐乳有更强的血管紧张素转化酶抑制活性。随着发酵时间增加至5周以上，该活性会增强。在另一项研究中，主要含小于10千道尔顿肽的腐乳提取物中含有更强的血管紧张素转化酶抑制活性；这在日本和中国生产的腐乳样品中是不同的（Wang等，2003）。

腐乳的独特气味和味道来自各种挥发性化学物质，包括酯类、醇类、醛类、酮类、酸类、烯类等。通过分析和比较由不同毛霉菌发酵的腐乳化学成分（Zhuang等，2017），发现除了化学成分含量上存在明显差异外，各样品的感官品质还存在明显差异。已探究发酵过程中腐乳化学成分的变化以及pH如何影响蛋白酶活性（Liu等，2018；Moy，Lu和Chou，2012）。

结果表明，微生物种类和发酵条件是影响化学成分的关键因素，这些化学成分极大程度上会影响人体健康以及腐乳诱人的感官品质。为最大限度改善腐乳的预期特性，需要更深入的研究来优化生产步骤。

总结

在发酵过程中，腐乳产生了各种有益健康和感官品质的化学物质，基本保留了豆腐的营养成分。由于生产过程和环境特殊，一些地理标志腐乳产品在健康益处和感官品质方面比大众市场产品更具优势。一般来说，地理标志腐乳产品使用当地材料（特别是接种剂和熟化剂），发酵时间更长。这可能是因为地理标志产品中含有更多的矿物质和维生素，具有独特的感官品质。

腐乳含盐量高是生产过程中不可避免的结果，也是影响口味的必要条件，这使其在注重健康的消费者群体中不受欢迎。因此，开发低盐腐乳很重要。腐乳也可以在烹饪中作为盐和香料的替代品。

接种剂及温度、时间、湿度等发酵条件在很大程度上影响了腐乳的营养成分和其他生物活性化合物。生产者和研究人员一直在尝试找出兼顾这些因素的最优组合，生产出更有营养、感官品质更吸引消费者的产品。事实证明，传统食品质量优良，深受消费者青睐。同时，传统食品保护了微生物生物多样性以及生产工艺。地理标志保护有益于保护宝贵的传统产品生产工艺和环境，因此有益于营养和健康。

腐乳生物活性化合物的影响和运作机制尚不清楚，需要进一步研究。我们尤其需要有信服力的临床证据来证明其对健康的益处。

2.3　案例3：帕尔马干酪以及哥瑞纳帕达诺奶酪（意大利奶酪）

简介

帕尔马干酪（Parmigiano Reggiano，PR），颗粒状硬奶酪，只在意大利帕尔马、雷焦艾米利亚、博洛尼亚（仅雷诺河以西地区）、摩德纳和曼托瓦（仅波河以南地区）等生产。帕尔马干酪已注册为受保护的原产地名称，根据注册文件（欧盟，1996c），牛奶生产及转化为奶酪的过程必须在这个约10 000平方千米的地区进行。生产牛奶的奶牛品种没有规定。在该地区，莫代内塞白牛和红牛等本地品种及荷尔斯泰因牛等引进品种均可用作原材料。相比于引进品种，本地品种生产的牛奶和奶酪出售价格更高（Sekine，2019）。帕尔马干酪的历史可以追溯到13世纪，此后生产工艺和步骤基本上未发生变化。帕尔马干酪联盟（CFPR，Consortium of Parmigiano Reggiano Cheese）成立于1928年，由该地区好几个工会组成。该联盟负责保护原产地名称，促进贸易和消费，守护产品典型性和独特性。所有帕尔马干酪生产商都加入了该联盟。

应该注意的是，Parmigiano的英文形式为Parmesan，中文为帕马森。帕马森在欧盟内外部受到不同程度的监管。2008年，欧洲法院裁定，帕马森不是通用术语。因此，只有正宗的、受保护的原产地名称帕尔马干酪才能在欧盟以"帕马森"的名义出售（Tran和Agencies，2008）。但是，在世界许多其他地区（如美国），帕马森一词可以用来表示任何硬质颗粒奶酪，这些奶酪并不一定遵守帕尔马干酪的生产步骤。为清楚起见，本书用帕马森一词表示美国普通意大利式硬质奶酪，而帕尔马干酪或帕尔马则表示受保护的原产地名称帕尔马干酪。

哥瑞纳帕达诺奶酪（Grana Padano，GP）与帕尔马干酪非常相似。两者生产步骤十分相似，最终产品外观也是如此。然而，这两种奶酪存在的一些重要差异，主要与奶牛饲养要求有关。正如2.1节卡纳伦特贾纳牛肉所论述，饲养是最终产品营养质量和感官品质的关键因素。与帕尔马干酪一样，哥瑞纳帕达诺奶酪也注册了受保护的原产地名称（欧盟，1996a）。其指定的生产区域比帕尔马干酪大得多，从意大利北部库内奥到法国附近的都灵，一路向东到威尼斯亚得里亚海。哥瑞纳帕达诺奶酪保护联盟（CTGP，Grana Padano Protection Consortium）成立于1954年，负责保护和推广哥瑞纳帕达诺奶酪。

生产和食品安全

在帕尔马干酪生产中不允许使用任何添加剂，奶酪的质量最终取决于牛奶的质量。帕尔马干酪联盟制定了奶牛饲养规定，详细说明了允许使用及禁用的饲料类型，规定了前者的最大日用量（CFPR，2018）。奶牛得用当地草料喂养，每日摄入的草料干物质中至少有50%为干草。奶牛场生产的草料必须提供奶牛饲料中至少50%干物质。

由受保护的原产地名称地区提供的干物质至少应占75%。除了草地上的新鲜草料外，还允许投喂各种谷物和豆类，而禁止青贮饲料、发酵饲料、添加剂类饲料、水果、蔬菜以及动物产品。对奶牛使用抗生素以及在饲料中使用抗氧化剂也是不允许的。

哥瑞纳帕达诺奶酪是由自然脱脂的牛奶制成的。虽然相关奶牛的饲料规定与帕尔马干酪基本相似，但前者允许供给粉碎的青贮玉米和青贮干草（CTGP）。这可能部分是由于帕尔马干酪和哥瑞纳帕达诺奶酪的指定生产地区不同：帕尔马干酪的生产地区主要为山区牧场，而哥瑞纳帕达诺奶酪的生产地区主要为低地（如波河流域）。青贮饲料容易受到土壤细菌特别是酪丁酸梭菌（*Clostridium tyrobutyricum*）的污染。为了消除这些细菌传播到奶酪中的风险，在哥瑞纳帕达诺奶酪生产中允许使用从蛋白中提取的天然溶菌酶，最大限度为25克/1 000升牛奶，起到有效抑制梭状芽孢杆菌生长的作用。然而，在特伦蒂诺，不允许用青贮饲料喂养生产哥瑞纳帕达诺奶酪牛奶的奶牛，因此也不允许使用溶菌酶。

帕尔马干酪和哥瑞纳帕达诺奶酪都使用未经巴氏法高温杀菌的牛奶。生产者借助盐化、无害细菌的竞争性生长以及成熟期温度和湿度的控制来防止病原菌污染。最终产品通常是真空包装，通过冷链运输到零售点，从而最大限度地减少交叉污染的风险。有关奶牛饲养的严格规定也有助于保障原材料安全。此外，帕尔马干酪和哥瑞纳帕达诺奶酪生产者采用了标签体系，便于追踪每一个奶酪轮的生产时间和地点。

帕尔马干酪的生产过程与腐乳有一些相似之处。如图2-3所示，生产过程中采用自体接种方法，即用前一天加工奶酪获得的乳清作为发酵剂培养物。从未断奶的小牛皱胃，即第四胃室内黏膜中提取的天然凝乳酶是使牛奶凝固的关键物质。帕尔马干酪联盟各成员严格执行该步骤。此外，在给每个奶酪轮打上帕尔马干酪印记之前，逐一进行检查，确保帕尔马干酪一贯的高质量。

生产过程中有两个要素需要详细阐述：

● 分离酪蛋白和乳清后，收集乳清并进行发酵，制成用于接种的乳清（意大利语为sieroinnesto）。不同的奶酪制造商拥有不同的发酵设备和条件。发酵容器可以由玻璃或钢制成，有无保温层皆可。发酵过程可在控制温度（通常为40～45℃）或室温下进行。发酵时间为18～24小时。

● 帕尔马干酪的最短成熟时间是12个月。熟化室配备了空调（15～20℃），相对湿度控制在80%～85%。每个奶酪轮大约每周翻转一次，现在通常由机器人完成，而不是人工。

哥瑞纳帕达诺奶酪的生产过程与帕尔马干酪相似，如图2-3所示，一些步骤的温度和时间可能略有不同。另一不同之处是哥瑞纳帕达诺奶酪的最短成熟时间是9个月。

同时，美国非地理标志帕马森奶酪的规定（美国食品及药物管理局，2019a，2019b）有较大差异，特别是就使用的牛奶和添加剂而言：

● 牛奶应经过巴氏杀菌或澄清，或两者兼备。这符合联邦政府对所有奶酪的规定，即要求任何奶酪必须由经过巴氏杀菌的牛奶制成，或至少陈化60天。

● 牛奶可以通过脱脂或添加奶油、脱脂奶、浓缩脱脂奶、脱脂干奶来调整，或加水使其可以重组所用的浓缩脱脂奶或脱脂干奶。

● 牛奶可以使用过氧化苯甲酰或基于过氧化苯甲酰的混合物进行漂白。

● 允许使用一些添加剂：食用色素、动物或植物来源的酶和抗霉剂。此外，如果最终产品是磨碎的奶酪，允许使用香料、调味品和抗结剂，最常见的是纤维素。

● 熟化时间至少为10个月。

由于这些要求，美国非地理标志普通帕马森奶酪营养成分有明显差异，这一点在下列谈论营养成分的段落中有提及。

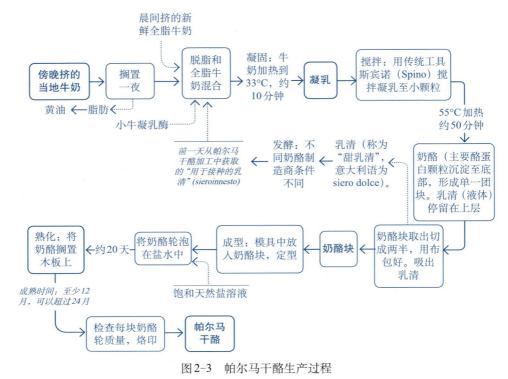

图 2-3 帕尔马干酪生产过程

注：粗体表示原材料、中间产品和最终产品，斜体表示关键药剂和条件。
资料来源：基于CFPG；CFPR，2018；Vecchia，2010。

营养成分

地理标志帕尔马干酪和哥瑞纳帕达诺奶酪的特点是成熟期长，水分含量低，乳糖几乎完全分解。帕尔马干酪、哥瑞纳帕达诺奶酪和美国普通帕马森奶酪中的常见营养成分含量见表2-4。

不难发现这三种类型的奶酪在营养成分含量上存在差异，这可能是由于生产过程存在差异，包括所使用的原材料。例如，地理标志帕尔马干酪和哥瑞纳帕达诺奶酪成熟期通常比普通奶酪更长，以乳糖为主的碳水化合物能够充分发酵。脂肪、矿物质和维生素含量的差异可能反映了所用牛奶的差异。例如，美国一些普通帕马森奶酪制造商可能使用强化牛奶。应该注意的是，表中的数字是某一产品样本的平均数。地理标志帕尔马干酪和哥瑞纳帕达诺奶酪的奶源受到各自联盟的严格监管，而奶酪生产商数量相对有限。同时，生产普通帕马森奶酪的牛奶类型没有受到规定的约束，生产者有一定的自由调整牛奶用量和添加剂的使用。

表2-4 帕尔马干酪、哥瑞纳帕达诺奶酪和美国普通帕马森奶酪的营养成分

营养成分	每100克		
	帕尔马干酪[①]	哥瑞纳帕达诺奶酪[②]	硬质帕马森奶酪[③]
近似值			
水（克）	31.4	32	30
能量（千焦）	402	398	392
蛋白质（克）	32.4	33	35.75
总脂肪（克）	29.7	29	25
碳水化合物（克）	0	0	3.22
食用纤维	0	0	0
矿物质			
钙（毫克）	1 155	1 165	1 184
铁（毫克）	0.2	0.14	0.82
镁（毫克）	43	63	44
磷（毫克）	691	692	694
钾（毫克）	100	120	92
钠（毫克）	650	600	1 175
锌（毫克）	4	11	2.75
维生素			
维生素C（毫克）	0		0
硫胺素（毫克）	0.03	0.02	0.039
核黄素（毫克）	0.35	0.36	0.332
烟酸（毫克）	0.06	0.003	0.271
维生素B$_6$（毫克）	0.06	0.12	0.091
叶酸（微克）			7
维生素B$_{12}$（微克）	1.7	3.0	1.2
维生素A（微克视黄醇当量）	430	224	207
维生素E（毫克）	0.55	0.206	0.22
维生素D（国际单位）		20	19
维生素K（微克）	1.6		1.7
脂类			
总饱和脂肪酸（克）	19.6	18	144.85
总单不饱和脂肪酸（克）	9.3	7.4	7.515
总多不饱和脂肪酸（克）	0.8	1.1	0.569
胆固醇（毫克）	83	98.3	68

注：空白代表无数据。

资料来源：①CFPG；②CTGP；③美国农业部农业研究局，2019b。

表2-5　美国六家大型零售商生产的普通帕马森奶酪的营养成分

营养成分	每100克中的含量						
	里昂食品（Food Lion）	西夫韦（Safeway）	梅耶尔（Meijer）	塔吉特（Target）	BJ's	全食（Whole Foods）	平均数±标准差
近似值							
水（克）	400	429	393	400	500	400	420.33±37.44
能量（千焦）	40.00	39.29	35.71	40.00	20.00	40.00	35.83±7.24
蛋白质（克）	30.00	28.57	25.00	30.00	30.00	30.00	28.93±1.83
总脂质（脂肪）（克）	20.00	3.57	0	0	20.00	20.00	10.60±9.48
碳水化合物（克）	0	0	0	0	0	0	0
膳食纤维	0	0	0	0	0	0	0
总糖分（克）	2.8	0.9	0.6				
矿物质							
钙（毫克）	800	1 268	893	800	800	2 000	1 093.50±437.95
铁（毫克）	0	0.71	0	0	7.20	0	1.32±2.64
钾（毫克）		89					
钠（毫克）	1 600	1714	786	1 500	1 800	1 200	1 433.33±346.15
维生素							
维生素C（毫克）	0			0	0	0	
维生素A（国际单位）	0			0	2 000	0	
脂质							
总饱和脂肪酸（克）	20.000	17.860	16.070	20.00	20.00	20.00	18.99±1.52
总反式脂肪酸（克）	0	0	0	0	0	0	0
胆固醇（毫克）	100	71	89	100	100	100	93.33±10.77

注：空白代表无数据。
数据库中显示的成分来自美国农业部农业研究局（2019b）：
- 里昂食品：巴氏灭菌低脂奶、奶酪培养物、盐、酶、抗结剂（马铃薯淀粉、玉米淀粉和硫酸钙）、纳他霉素（一种天然的防腐剂）。
- 西夫韦：巴氏灭菌奶、盐、酶、抗结剂（马铃薯淀粉、纤维素粉）、纳他霉素（防霉剂）。
- 梅耶尔：巴氏灭菌奶、奶酪培养物、盐、酶。
- 塔吉特：巴氏灭菌奶、盐、酶、抗结剂（纤维素粉和玉米淀粉）、山梨酸钾（用于保护风味）。
- BJ's：巴氏灭菌奶、盐、酶、抗结剂（粉末状纤维素和玉米淀粉）、山梨酸钾（用于保护风味）。
- 全食：巴氏灭菌低脂奶、盐、纤维素粉（防止结块）、微生物酶。

表2-5显示了美国六家区域性或全国性大型零售商生产的普通帕马森奶酪的营养数据，以及它们的平均值和标准偏差。可以看出，不同厂家产品的营养成分含量差异很大。例如，最低的蛋白质含量为20克/100克，最高的则为40克/100克，前者仅为后者的一半。碳水化合物的含量从每100克0～20克不等，钙含量从每100克800～2 000毫克不等。从表2-5的注释中，可以看出制造商使用的原料存在明显的差异。普通帕马森奶酪之间的营养质量具有巨大差异，这可能是由于制造商并未严格规定生产步骤及牛奶和添加剂的使用。

虽然未有关于帕尔马干酪和哥瑞纳帕达诺奶酪营养质量变化程度相关的记载，但已有记录显示，生产帕尔马干酪的牛奶在一些质量参数上存在季节性差异（Summer等，2007）。与产于秋冬季的牛奶相比，产于春夏季牛奶的酪蛋白和脂肪含量较低，体细胞数较高。这种差异可能是由于奶牛在春夏季主要采食牧草，而秋冬季则更多地食用饲料。

2002—2005年研究期间，不同年份的营养质量也存在一定波动。不过，营养质量的变化非常小，每100克在0.01～0.1g。

Summer等（2017）总结了帕尔马干酪和哥瑞纳帕达诺奶酪的营养价值和潜在生物功能。以下段落的叙述主要基于这篇论文。

由于帕尔马干酪和哥瑞纳帕达诺奶酪为乳制品，所以奶酪中的蛋白质含有高浓度的所有必需氨基酸。奶酪的成熟期长，在这一过程中，有相当一部分牛奶蛋白质会水解为蛋白胨、肽及游离氨基酸，使其更易消化。帕尔马干酪和哥瑞纳帕达诺奶酪中含有一些生物活性肽，对人体有益，可以起到促进胃肠道消化、通过抑制血管紧张素转化酶来对抗高血压及促进免疫系统和介导矿物传输等作用（Summer等，2017）。

像所有含有动物脂肪的食物一样，帕尔马干酪和哥瑞纳帕达诺奶酪含有大量的共轭亚油酸。在乳品脂肪中，主要的共轭亚油酸异构体是cis-9、trans-11共轭亚油酸（瘤胃酸）和trans-10、cis-12共轭亚油酸。在第2.1节关于卡纳伦特贾纳牛肉的内容中简要地提到了共轭亚油酸的生物功能。有人认为，这两种特殊的共轭亚油酸异构体可能具有许多有益的生物活性，可以起到减少身体脂肪积累、刺激骨骼矿化、调节过敏反应，以及抑制致癌、动脉硬化、高血压和糖尿病等作用（Summer等，2017）。需要注意的是，奶酪中的共轭亚油酸含量似乎与奶牛的饲料密切相关，有机哥瑞纳帕达诺奶酪的共轭亚油酸含量明显高于普通哥瑞纳帕达诺奶酪就能证明这一点。这与第2.1节中提到的发现相呼应，即放养的阿连特茹牛肌肉中的共轭亚油酸水平高于喂食饲料的牛。这也与意大利的某项研究一致，即经过认证的有机牛奶和其他乳制品中共轭亚油酸和脂溶性维生素的含量明显高于普通牛奶（Bergamo等，2003）。

上述生物活性成分的益处大多由体外和动物实验证明，人体研究则较少。其中，有一项实验为30名高血压患者补充哥瑞纳帕达诺奶酪，并进行随机、双盲、安慰剂对照试验（Crippa等，2016）。结果显示，每天食用30克哥瑞纳帕达诺奶酪可使收缩压和舒张压显著下降。

从表2-4和表2-5中的碳水化合物含量可以看出，帕尔马干酪和哥瑞纳帕达诺奶酪中完全不含乳糖，有别于普通帕马森奶酪，非常适合乳糖不耐受的消费者，使他们也能够受益于乳制品的丰富营养，而不因为乳糖不耐受产生不良反应。帕尔马干酪和哥瑞纳帕达诺奶酪中存在某些类型的寡糖，可能具有益生元特性。

2008年，欧洲法院对帕马森一词的使用作出裁决。在那前后时期，有大量文献研究分析与帕尔马干酪、哥瑞纳帕达诺奶酪和普通帕马森奶酪相关的法律、政治和经济问题。然而，却似乎没有任何研究以科学的方式对帕尔马干酪、哥瑞纳帕达诺奶酪和普通帕尔马干酪的营养质量进行比较。就感官品质而言，有一项研究采用顶空气相色谱法，比较了新西兰普通帕马森奶酪和地理标志产品帕尔马干酪、哥瑞纳帕达诺奶酪的组成成分（Langford等，2012）。该研究顶空气相色谱法显示，一些挥发性化合物的浓度差异很大，仅根据这些数据就可以辨别奶酪的类型。此外，通过使用多元变量统计，也能明确区分各个国家的不同生产商。

微生物群和益生菌潜力

由于经过发酵，帕尔马干酪和哥瑞纳帕达诺奶酪中的微生物群主要由乳酸菌组成，其中许多菌种可能是潜在的益生菌。本节讨论的重点是对天然乳清发酵剂（sieroinnesto）和最终产品中微生物群落结构的研究，而在本书附录中，将探讨关于益生菌对健康影响的文献现状。由于普通帕马森奶酪的生产过程中，具有多种发酵工艺，包括单菌株、多菌株，如奶酪培养物或自然发酵，因此最终产品中的微生物群落构成对于本书的讨论重点来说过于复杂。尽管如此，以下段落也有部分适用于普通帕马森奶酪。

参与帕尔马干酪和哥瑞纳帕达诺奶酪发酵过程的微生物有两个来源：发酵剂和生牛乳。环境中存在的微生物对发酵几乎没有影响，哪怕有微生物，奶酪成熟过程中也会形成一层包裹奶酪块的硬壳，期间工人还会定期翻转和清洗奶酪轮。乳酸菌是最有意思的微生物，它们大致分为两组：发酵型乳酸菌（SLAB）和非发酵剂乳酸菌（NSLAB）。SLAB主要包括发酵剂中的乳酸菌，而NSLAB主要来自生牛乳；然而，由于这两类乳酸菌本质上都属于乳品细菌，因此这两类乳酸菌中，常常也能找到属于另一种乳酸菌的菌种。

生产的第一步，是将发酵剂和生牛乳混合，即将SLAB和NSLAB放入同一基质中。在之后的工序中，两组细菌受到温度、盐分、酸和时间的影响。它们不断分裂繁殖并进行发酵，在适宜的环境下改变奶酪的化学成分，在条件变得不再适宜后开始自溶。SLAB和NSLAB菌株如何进行这一复杂动态过程，一直是研究的焦点。由于基于直接分析脱氧核糖核酸（DNA）或核糖核酸（RNA）的非培养方法在技术上有所进步，这项研究也有所突破（Neviani等，2013）。

　　已经确定的是，虽然两者之间的区别并不明显，但SLAB和NSLAB分别在生产过程的不同阶段发挥了不同的作用（Neviani等，2013）。SLAB于凝乳提取后的几小时内开始生长，之后几个月内不断生长，但因为环境条件将变得越来越不利，乳糖发酵导致的酸度增加，盐水和奶制品带来高渗透压，成熟室温度又低，SLAB在2～6个月后就基本自溶（Santarelli等，2013）。因此，它们的细胞内酶和以氨基肽酶为代表的其他生物活性化合物，会进入奶酪基质中，继续改变奶酪的化学成分，从而改变感官品质。此时，更适应新环境的NSLAB在奶酪中逐渐占据上风，与其竞争的SLAB数量开始下降；在成熟期的大部分时间内，NSLAB发挥着主要作用。

　　研究人员通过培养方法已经确定SLAB的主要菌种为瑞士乳杆菌（*Lactobacillus helveticus*），同时也明显可以看到德氏乳杆菌（*L. delbrueckii* ssp. *lactis*）、德氏乳杆菌保加利亚亚种（*L. delbrueckii* ssp. *bulgaricus*）和鼠李糖乳杆菌（*L. rhamnosus*）的存在（Coppola等，2000）。目前尚未有更详细的研究信息。非培养检测法使研究人员能够直接观察原微生物群，得到更贴近实际环境中微生物群落的信息。这些方法能够证明，帕尔马干酪中的发酵剂并非主要是上述菌种（Bottari等，2010）。以前人们认为嗜热链球菌等菌种数量较少，而在一些帕尔马干酪发酵剂样品中，其数量却与乳酸菌的数量相当。在一些以乳酸菌为主的样品中，德氏乳杆菌与瑞士乳杆菌数量相当。仍有一些样品的优势菌种不能完全确定。Bottari等（2010）强调了天然乳清发酵剂的微生物多样性。除了乳酸菌，乳清发酵剂样品中也发现了马克斯克鲁维酵母（*Kluyveromyces marxianus*）（Coloretti等，2017）。NSLAB中的主要菌种是鼠李糖乳杆菌（*L. rhamnosus*）、干酪乳酸菌/副干酪乳杆菌（*L. casei/paracasei*）和植物乳杆菌（*L. plantarum*）（Gatti等，2008；Santarelli等，2013）。

　　帕尔马干酪和哥瑞纳帕达诺奶酪中丰富的生物多样性引起了人们的强烈兴趣，有人试图开发某些菌株用于益生菌产品的制作。与SLAB相比，NSLAB适应性更强，也更受青睐。Solieri等（2014）在试管中检测了一批NSLAB菌株，用抗生素和生物胁迫模拟了人类的生理环境。在鼠李糖乳杆菌、副干酪乳杆菌、干酪乳杆菌、瑞士乳杆菌和发酵乳杆菌（*L. fermentum*）等47个受测菌株中，一个干酪乳杆菌菌株和两个鼠李糖乳杆菌菌株在整体上表现出全面良好的益生菌培养潜力。意大利、葡萄牙、克罗地亚、塞尔维亚、希腊、中国和埃及的传统奶酪产品也进行了类似的研究（Abosereh 等，2016；Caggia 等，2015；Casarotti 等，2017；Dias 等，2014；Papadopoulou 等，2018；Pisano 等，2014；Uroic 等，2014；Zhang 等，2016）。这些菌株是否能够并且如何转化为成熟的益生菌产品值得关注。

在对帕尔马干酪和哥瑞纳帕达诺奶酪中潜在有益细菌进行测定后，下一个问题是这些细菌是否真的能通过食用奶酪进入到人类肠道，以及它们能在多大程度上促进肠道健康。最近的一份研究报告为解答这个问题迈出了第一步（Milani 等，2019）。该研究表明，在牛肠道和养殖牛的环境中发现的几种细菌可以进入帕尔马干酪的生产过程，并保留在最终产品中。报告作者追踪研究了一种特殊的细菌［蒙古双歧杆菌（*Bifidobacterium mongoliense* BMONG18）］，它只存在于牛的肠道中，实验证明蒙古双歧杆菌可以在帕尔马干酪最终产品中找到。此外，蒙古双歧杆菌可以在食用帕尔马干酪人类的肠道中暂时存活。

总结

像大多数乳制品一样，帕尔马干酪和哥瑞纳帕达诺奶酪提供优质蛋白质、脂肪、以钙为代表的矿物质、必需氨基酸和某些维生素。人们通常认为，其中的短肽和共轭亚油酸对人体健康有多种好处，如预防和缓解一些非传染性疾病，不过该说法依然欠缺临床证据。帕尔马干酪和哥瑞纳帕达诺奶酪不含乳糖，为乳糖不耐受的人提供了食用乳制品食品的无忧选择。

帕尔马干酪和哥瑞纳帕达诺奶酪发酵时间长，且只使用天然乳清发酵剂。研究人员已经详细研究了发酵剂和牛奶中LAB微生物群的组成及其在生产过程中的种种变化。NSLAB中的一些菌株具有培养成益生菌的潜力，不过确认这些菌株对人体的益处和规范培养菌株基本机制的研究才刚起步。

就加工程序、营养成分和微生物群而言，帕尔马干酪和哥瑞纳帕达诺奶酪可能是奶酪中相关研究最多的。此外，它们的生产过程受到严格规范。因此，关于帕尔马干酪和哥瑞纳帕达诺奶酪生产和营养特点的信息十分全面易得，消费者和研究人员也能够了解并评估它们。很大程度上而言，由于悠久的历史和地理标志地位，帕尔马干酪和哥瑞纳帕达诺奶酪的独特生产过程被详细地记录和保存下来。研究人员应用尖端科技来分析奶酪的深层结构，又反过来让它们的美名更加远扬。这种良性循环可以为其他地理标志产品的发展提供宝贵的经验。

由于所使用的牛奶产地和品质不一、是否使用添加剂以及生产步骤的不同，帕尔马干酪、哥瑞纳帕达诺奶酪和普通帕马森奶酪的特点有很大的不同。由于生产普通帕马森奶酪可以使用多种原材料，不同生产商生产的普通帕马森奶酪产品的营养成分差异很大，可能会使消费者感到困惑。而帕尔马干酪和哥瑞纳帕达诺奶酪的生产在这些方面受到严格的监管，因此，哪怕是不同的生产商生产的产品，质量也相对稳定。另外，牛奶的品质存在季节性波动，但波动程度很小。

有关原材料和生产程序的差异如何影响地理标志帕尔马干酪和哥瑞纳帕达诺奶酪及普通帕马森奶酪的化学和感官品质的科学文献非常少。要保持并提高这些产品的质量，就需要对这一课题进一步研究。

2.4 案例4：南非博士茶（南非草本植物茶）

简介

南非博士茶（*Aspalathus linearis*，在阿非利卡语中意为红色灌木）仅生长在南非西南边缘，横跨西开普省和北开普省的一条狭长地带之中。南非博士茶产地以典型的凡波斯（fynbos）植被（一种常绿灌木丛）为主，它多生长于山地地形及地中海气候带，夏季炎热干燥，冬季温和多雨。栽培品种以南非博士茶商业化种植的先驱之一——彼得·拉弗拉斯·诺尔捷（Pieter Lafras Nortier）的名字命名为诺尔捷型；野生品种以南非博士茶原产地锡德伯格山脉（Cederberg）命名为锡德伯格型，两者都可用于生产南非博士茶商品（Joubert 和 de Beer，2011）。生产普通茶叶（绿茶、红茶、白茶、乌龙茶等）的茶树与南非博士茶完全不同。在植物学上，南非博士茶并不是真正的茶。事实上，茶（*Camellia sinensis*）的叶片用于生产茶叶，而南非博士茶则由其植株茎叶制成。南非博士茶为豆科植物，具有豆科植物的一些特征，例如生物固碳。相比于栽培品种，由于野生品种对自然环境具有更强的适应性，野生品种在干旱炎热的环境下也体现出更强的固碳能力（Lötter 等，2014）。

一位美国投机商人曾抢注"南非博士茶（rooibos）"商标，其公司拥有独家使用权。2005年在美国，经历了旷日持久的上诉后，"南非博士茶"一词被裁定为公共领域词汇，终于解除了那家美国公司的独家使用权，此后行业意识到保护"南非博士茶"名称的重要性。于是成立了南非博士茶理事会（South African Rooibos Council，SARC）。南非博士茶理事会是一个独立组织，南非博士茶生产商们可自愿加入。理事会旨在全球范围内推广南非博士茶，同时维护其生产商及消费者的权益。2014年，南非建立了以商标为基础的地理标志制度，允许酒类以外的产品以集体商标或证明商标注册，此后，南非博士茶获得了地理标志保护（世界知识产权组织，2011）。从那时起，南非博士茶理事会一直在制定和执行南非博士茶的质量标准，并支持对南非博士茶展开多方面研究。理事会详细记录了博士茶的历史、博士茶与其产地的独特联系、产地的土壤和气候特征，及其种植和生产实践（SARC，2013）。

生产

南非博士茶的常见生产过程如图2-4所示，通常需要经过发酵（实际上为无微生物参与的氧化过程）。经过发酵，茎叶由鲜绿色变为红褐色，同时酝酿出独特的芳香，因此最终产品在英文中也称为"博士红茶"。尽管发酵赋予博士茶鲜艳的色彩和独特的芳香，是制茶的关键步骤，但这一操作常在自然条件下进行，无需控制湿度、温度或是茎叶浸泡后的含水量，对时间要求也不是很严格，因此产品质量良莠不齐。研究表明，对博士茶的发酵和干燥步骤加以控制，可以使产品质量更稳定，但大规模应用的成本和技术要求，却又让生产商们望而却步（Joubert和de Beer，2011）。

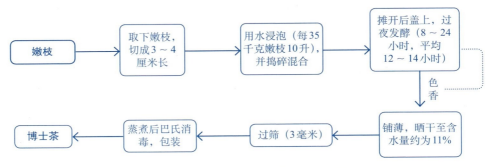

图 2-4　发酵博士（红）茶的生产步骤

注：加粗字体代表原材料与最终产品。
资料来源：Joubert和de Beer（2011）；Morton（1983）。

此外，博士绿茶是一种未经发酵的博士茶。阻止发酵是博士绿茶生产过程中最困难的部分，需要迅速并彻底地干燥捣碎后的嫩枝，最大限度地减少氧化的可能。不过，由于成本高昂，生产商并未广泛采用烘干机及隔离技术，大多数生产商采用自然晒干的干燥方式，因此氧化难以避免。

营养物质和生物活性物质

南非博士茶是一种零热量且不含常见营养素的茶饮，它不含蛋白质、碳水化合物、脂肪或纤维素，钠含量低至3.8毫克/100毫升（SARC），富含矿物质，含有适量的铜元素（Cu）及锰元素（Mn），同时含有微量的钙（Ca）、铁（Fe）、钾（K）、镁（Mg）和锌（Zn）（McKay和Blumberg，2007）。与普通茶饮相比，南非博士茶最突出的特点就是不含咖啡因，且单宁含量非常低。

南非博士茶含有多种黄酮类化合物。已发现近20种黄酮类化合物及一些衍生物，主要有荭草苷、儿茶素、异槲皮素、槲皮素、牡荆素、异牡荆素、木犀草苷和芦丁（Joubert和de Beer，2011；Koeppen，Smit和Roux，1962；Ligor等，2008；McKay和Blumberg，2007）。博士绿茶的黄酮和总多酚含量高于博士红茶，因为博士红茶经过氧化，氧化过程中一系列的酶促反应及化学反应会改变并分解多酚（McKay和Blumberg，2007）。

南非博士茶中含有三种二氢查耳酮，具有独特性，结构差异不大，阿斯巴汀和阿斯巴林宁（译者注：原文aspalinin，为新术语自定译名）仅在南非博士茶中发现过，而诺索法更（译者注：nothofagin，为新术语自定译名）除了南非博士茶外，只存在于另外其他两种植物中（Joubert和de Beer，2011）。研究发现，这些化合物也在氧化过程中分解。这三种二氢查耳酮的独特性可以作为评估南非博士茶品质的依据，鉴定博士茶真伪。

已对南非博士茶的化学成分，特别是多酚类化合物的季节性和地理差异进行了研究。南非博士茶的多酚类化合物含量因生产年份的不同而有很大差异。生产年份不能根据单个化合物或亚类的含量来确定（Joubert等，2012；2016）。但可以通过分析整个多酚类化合物的概况来区分（Joubert等，2016）。不同地区生产的南非博士茶在二氢查尔酮的含量上似乎有很大的不同，西开普省的产品比北开普省的产品显示出更高的阿斯巴汀和诺索法更丙酮浓度（Joubert等，2016）。野生南非博士茶品种之间多酚类化合物含量的变化可以用来识别几个品种（van Heerden等，2003）。有大量关于南非博士茶生物活性（特别是抗氧化活性）及其对健康影响的研究，此类研究通常将南非博士茶与普通的茶进行对比，研究成果时有发布（Ajuwon，Marnewick和Davids，2015；Erickson，2003；Joubert和de Beer，2011；McKay和Blumberg，2007）。

南非博士茶中含有大量黄酮类化合物，使其具有极强的抗氧化活性。阿斯巴汀、槲皮素和儿茶素在各种试验中，都表现出稳定而较强的抗氧化活性。发酵过程中，阿斯巴汀被转化为荭草苷和异荭草苷，这两种物质清除自由基的能力和阿斯巴汀相比较弱，也印证了发酵会降低南非博士茶的抗氧化活性的结论。化学检测显示，南非博士茶的抗氧化活性约为绿茶和红茶的一半。然而，细胞研究表明，未发酵的博士茶表现出与绿茶相同的抗氧化活性。同时，虽然发酵后的博士茶抗氧化能力减弱，但仍然具有较强的抗氧化活性。

许多细胞、动物和人类研究发现，博士茶提取物和茶汤具有多重养生保健功效（Joubert和de Beer，2011），具有化学预防、护肝、保胃、刺激成骨细胞，以及抑制炎症、预防过敏、降低诱变性、预防糖尿病和高血压等功效。各种研究报告显示，南非博士茶还能预防非传染性疾病。然而，相关临床试验的有利证据还不足，且其背后的生理机制也尚未明晰。正如第2.2节所说，越来越多的证据表明，其他食物对健康的类似影响不能简单地归因于黄酮类化合物的抗氧化活性。

有学者认为，吃饭时喝茶，普通茶叶中的多酚会影响铁元素的吸收，与非血红素铁（大多数源自植物）在胃肠道内形成不溶性的螯合物，从而降低其生物利用率。这对营养全面的人群来说并无大碍，然而对动物性食物不足的人群，可能会影响健康（Bouglé，2012）。南非博士茶的此类研究只在南非开展过，且研究数量非常有限。健康年轻男性在用餐时饮用南非博士茶，不同于普通茶叶，不会显著影响非血红素铁的吸收（Hesseling，Klopper和van Heerden，1979）。对有缺铁风险农村学龄儿童的研究表明，红茶或南非博士茶，都不会引起铁状况参数的明显变化（Breet等，2005）。另一项对有冠心病风险成年人的研究发现，饮用南非博士茶不会影响铁状况（Marnewick等，2013）。不过，第一项研究为相对严格的临床研究，所测对象的铁摄入量仅包括硫酸铁和柠檬酸铁；另外两项研究侧重于人群铁状况的生物标志物，没有控制铁摄入来源。以上初步研究结果证明南非博士茶不影响饮食中（非血红素和血红素）铁的吸收。

虽然南非博士茶的年均消耗量非常大，据南非博士茶理事会估计，南非博士茶全球年消费量为14 000吨（SARC，2019），但尚未发现毒性反应。仅有两个临床病例记录食用南非博士茶后产生肝毒性的情况（Engels等，2013；Sinisalo，Enkovaara和Kivistö，2010），不过，这很可能是由交叉污染或个体对生物活性化合物的反应引起的。

总结

南非博士茶仅在南非小部分地区生长，是一种极具特色和象征意义的产品，同时也具有良好的食品安全历史。其生产过程仍需改进和标准化。然而，高昂的改进成本使得生产商对控制干燥和真空包装等升级技术望而却步。

由于没有与其对应的非地理标志产品，其营养质量、化学成分及对健康的影响只能与普通茶叶进行比较。南非博士茶不含咖啡因，单宁含量低。南非博士茶的化学成分，特别是其中的黄酮类化合物，已经过详细分析，其中的两种二氢查耳酮，即阿斯巴汀和阿斯巴林宁，仅在南非博士茶中发现过。证据显示，其茶汤和提取物对人体健康具有多重潜在益处，而南非博士茶是否具有与普通茶叶一样的保健作用，还有待考证。

总之，我们仍需进一步研究对南非博士茶的营养和健康价值，及其与普通茶叶的对比分析，仍需进一步研究。自从南非博士茶理事会成立及南非博士茶受到地理标志保护后，已经引起了广泛关注。地理标志帮助南非生产商们保护其名称和生产方式，保证产品质量。加大对产品改进和研究的投资是保证南非博士茶市场稳步增长的关键一步。

2.5 案例5：婆罗洲高原（马来西亚和印度尼西亚）本土大米

简介

本节主要分析婆罗洲若干本土大米。婆罗洲岛由马来西亚的沙巴州和沙捞越州，印度尼西亚的东、南、北、中、西加里曼丹五省以及文莱国组成。自古以来，婆罗洲北部高原的原住民就在梯田上种植水稻，水稻种植不仅是他们赖以生存的技能，也融入了他们的血脉。近年来，一些本土水稻被认定为地理标志产品。地方和国家政府希望通过保护地理标志，使原住民获得更美好的生活，保护水稻的多样性，以及婆罗洲高原的生态环境。

近年来，人们刚开始研究本土水稻，研究领域包括栽培品种和命名、遗传学、营养质量、消费者偏好等。虽然已经取得了一些有价值的成果，但仍需要继续探索和分析。在马来西亚和印度尼西亚，地理标志保护还是一个相对较新的概念，可能还会有更多的本土水稻品种在未来获得地理标志认证。因此，尚不明确认证地理标志的长期影响。本书希望能引起人们对地理标志产品发展前景的关注，并鼓励相关人士推动地理标志产品发展。

马来西亚于2000年颁布了地理标志监管体系，即《地理标志法2000》。2008年，婆罗洲高原的某一本土水稻成功注册为地理标志，命名为峇里奥大米（Tay，2017；Bario rice gets GI certification，2009）。地理标志申请者是沙捞越信息技术和资源委员会，这是沙捞越州下辖的政府机构（Omar，Jasmin和Tumin，2018）。注册成功后，该委员会在州一级设立了知识产权办公室，用以管理和保护属于沙捞越州政府的知识产权（Teo，2011a）。

地理标志峇里奥大米，多种植于峇里奥村及其周边地区，以峇里奥村命名。峇里奥村位于沙捞越-加里曼丹边境，地处海拔1 200米左右的高原上，四周丘陵山脉环绕（Omar，Jasmin和Tumin，2018）。公路未通，只能通过小型螺旋桨飞机或四驱车进入该村。2016年，村里安装了太阳能发电设施。

地理标志峇里奥大米在当地称为"阿丹大米"（Adan），包括在峇里奥地区种植的阿丹大米，但并不局限于特定某个栽培品种。许多论文或出版物提到峇里奥大米或阿丹大米，并非特指在峇里奥及附近地区种植的地理标志品种，而是泛指在峇里奥附近种植的许多栽培品种。叫做峇里奥大米或阿丹大米的许多栽培品种，在沙捞越州多处都有种植（包括但不限于峇里奥村），甚至在沙巴州也有种植，以至于难以判断这些文章中提到的栽培品种是否为正宗的地理标志峇里奥大米。

更让人头疼的是，2012年，阿丹大米又在印度尼西亚注册了一个全新的地理标志，注册名称为贝拉斯·阿丹·拉央米（拉央·阿丹大米）[Beras Adan Krayan (Krayan Adan Rice)]（Eghenter，2014），印度尼西亚以其北加里曼丹省的拉央地区为地理标志命名。该地区与峇里奥高原接壤，海拔高度约为1 000米，公路不通，只能通过飞机进出。人类学家认为，拉央高原的原住民和峇里奥高原的原住民——加拉毕人，在语言和文化上有着密切联系（Antons，2017；世界自然基金会，2013）。由于拉央地区与印度尼西亚城区相距甚远，大部分贝拉斯·阿丹·拉央米常常就近出售给马来西亚，主要是峇加拉兰，这个小镇与拉央和峇里奥边境距离最近，商家有时甚至会直接以峇里奥大米的名义出售（detikNews，2012），这也导致了两国之间的摩擦。为解决这一问题，人们采取了许多措施，其中最有成效的是婆罗洲高原原住民联盟（Forum Masyarakat Adat Dataran Tinggi Borneo，FORMADAT），该联盟由加拉毕人等婆罗洲高原原住民于2004年成立，是一个跨境社会组织，工作职责之一是保护高原原住民的集体知识产权（FORMADAT）。该联盟在推广峇里奥大米与贝拉斯·阿丹·拉央米时，将其视作与婆罗洲高原原住民及婆罗洲高原环境密切相关的独特产品加以推广（Mustika，2019；WWF，2018）。

需要注意的是，所有的传统产品都受到马来西亚地理标志法的保护，即使是那些尚未注册为地理标志的产品（Tay，2017）。《地理标志法2000》规定，无论是否已注册，所有地理标志产品都受到保护，不过，某些权益只能由已注册的地理标志享受，目前尚不清楚印度尼西亚地理标志法中是否存在类似的条款。

命名法和基因型测定

2008年注册地理标志峇里奥大米时，并没有公布关于栽培品种的详细遗传信息，其遗传信息直到2009年和2014年才发表（Lee等，2014；Wong等，2009）。各类出版物使用的峇里奥大米一词泛指来自沙捞越州的各种栽培品种。不过还是提供了一些有价值的基因型信息。来自峇里奥高原的栽培品种与来自峇里奥低地的栽培品种在遗传谱系上有所不同。但总体而言，峇里奥大米和阿丹大米联系紧密，相似度在70%以上（Lee等，2014）。这些研究也印证了上文中提到有关命名的混乱情况，一些源自不同地方的栽培品种，具有不同的遗传特征，却共享同一个名字；其他具有不同名字的栽培品种，其遗传特征却非常相似，应该归于相同的名字（Wong等，2009）。

某些出版物中声称，峇里奥大米和贝拉斯·阿丹·拉央米实际上是同一个品种（Antons，2017）。不过，并没有科学的基因型证据支持这一说法，研究人员可能需要通过进一步的国际合作来填补这一空缺。

在本节中，婆罗洲高原水稻一词被用来表示马来西亚和印度尼西亚婆罗洲高原原住民种植的各种本土水稻，无论其是否已注册为地理标志。由于峇里奥大米和阿丹大米在基因型上相同，而未注册的本土品种在马来西亚的地理标志法下也享有一定程度的保护，因此将它们视作一个单一的品种具有一定合理性。此外，地理标志制度在这两个国家还处于发展阶段，可以预计，未来会有更多的本土水稻品种注册成为地理标志。事实上，还有两个来自沙捞越低地的水稻品种2009年认定为地理标志，即沙捞越贝拉斯·比里斯米（Sarawak Beras Biris）和沙捞越贝拉斯·巴容米（Sarawak Beras Bajong）（Teo，2011b）。

生产

婆罗洲高原的农民使用传统方式种植本土水稻。他们使用传统灌溉技术，并以竹子建造房屋，水稻种植也采用与水牛饲养相结合的传统方式（Tay，2017）。水稻从播种到成熟大约需要6个月（10月到翌年2月或3月）。对于热带地区来说，成熟时间相当长。[①] 因此，农民一年只能种植一茬婆罗洲高原水稻，而不是像东南亚地区常见的两茬甚至三茬。在一年的其余时间里，这些田地被用来放牧水牛。水牛踩踏田地，在田里排泄，起到整地和施肥的作用（Mustika，2019）。插秧、收割和晾晒通常需要人工完成，晒干后，农民要么将大米直接卖给磨坊主，要么请磨坊脱壳，而后卖给个人或经销商（Omar，Jasmin和Tumin，2018）。

峇里奥高原的水稻种植者正面临着抉择，是继续采用传统种植方式，还是接受现代农业技术，使用现代灌溉技术、采用化肥、施撒农药等。Omar、Jasmin和Tumin（2018）以及Raja（2015）已经详细探讨了这一问题。峇里奥大米长期以来的良好声誉，以及近年获得地理标志认证，都助长了峇里奥大米的需求及价格。[②] 峇里奥大米最近的零售价为15～20马币/千克，这一价格接近印度巴斯马蒂大米或有机大米等优质大米的售价，比从泰国、越南或柬埔寨等国家进口的普通大米（仅为3.6～4.8美元/千克）贵得多。一些农民通过预售将大米直接卖给消费者，不仅买卖双方建立了信任，农民收入也更高。峇里奥大米的品牌效应促使农民不断增产，特别是考虑到峇里奥平均家庭收入只有

---

① 作物日历信息来自全球粮食和农业信息及预警系统（GIEWS）的国家简报，可在以下网址查询www.fao.org/giews/countrybrief/index.jsp（FAO，2020）。

② 价格信息于2019年12月来自马来西亚在线食品杂货零售商Shopee（https://shopee.com.my）和Jaya Grocer（www.jayagrocer.com）。

整个沙捞越州的三分之一（1999年数据）。然而，许多年轻人不再愿意种植水稻，而更倾向于在城市生活。因此，峇里奥地区遭受年轻人流失以及劳动力老化的困扰。由于缺乏劳动力，峇里奥大量稻田荒废。综上所述，采用现代农业技术也许能够带来转机。然而，农民们担心现代农业技术会对稻米质量及当地环境造成潜在长期影响，此课题尚未得到研究。

2011—2015年，沙捞越州政府通过与一家私营公司（Ceria Bario）进行公私合作，开展了一个改善基础设施、引进机械化和恢复废弃田地的项目，这就是峇里奥大米开发项目。Raja（2015）对峇里奥大米开发项目进行了深入研究，认为该项目总体上是成功的。当地交通道路和灌溉基础设施得到了改善，如建造了小型水坝，整地、插秧和收割等水稻生产步骤中引入了机器，农民效率得到提高，一些荒废的田地又得以重新耕种。同时，当地农民保持了不使用杀虫剂或化学肥料的做法。

有许多研究记录证明，峇里奥大米与婆罗洲高原环境相辅相成。贝拉斯·阿丹·拉央米似乎在拉央以外的地区长势不佳，而其他品种在拉央地区种植时也长势不佳（Balang转引自Mustika，2019）。有人试图一年生产两茬峇里奥大米，最终却以失败告终。一些证据表明，峇里奥大米生长周期长，可能是由基因决定的（Raja，2015）。峇里奥大米开发项目没有尝试一年两熟，而是采用传统的一年一熟，与水牛饲养互补后，效果更好，能够保持土壤肥力。

营养价值

婆罗洲高原大米有三种主要类型，根据脱壳后的颜色区分，分别为白色、红色和黑色。近年来人们才开始研究其营养价值。其中大部分由马来西亚研究人员开展，研究对象为峇里奥大米。

Nicholas等（2014）分析了几个峇里奥大米不同品种的营养成分。比较对象MR 219是马来西亚农业研究与发展研究所开发的一个水稻品种，特点是高产、能快速生长及抗病[亚洲及太平洋地区食品和肥料技术中心（FFTC），2002]。研究结果总结在表2-6中，为了便于比较，表中还分别给出了生米和熟米的数值。

表2-6显示，几个峇里奥大米品种中的碳水化合物含量均低于MR 219，而MR 219又低于普通大米。由于碳水化合物决定了大米的热量含量，它们的能量高低也依次变化。峇里奥·塞勒姆米和MR 219的蛋白质含量要比其他品种低一些，而峇里奥大米品种的膳食纤维含量则比MR 219和普通大米高。

在微量元素方面，几种峇里奥大米的钙和钠含量比MR 219低，但钾、硫胺素和烟酸含量较高。与普通大米相比，峇里奥大米的钙、铁、钾、钠和烟酸含量特别高，而硫胺素含量低。虽然这些差异在某种程度上可能是由于品种特征造成的，但也可能是土壤特征和栽培方法导致的，例如，使用化肥以提高水稻中的矿物含量。

表2-6 峇里奥大米各品种的营养成分

营养成分	每100克中的含量						
	峇里奥·阿丹·豪卢什（白）[1]	峇里奥·先生（白）[1]	峇里奥·红色（红）[1]	峇里奥·塞勒姆（黑）[1]	MR 219[1]	精米[2]	熟米[2]
近似值							
水（克）	14.73	13.59	14.13	14.12	11.54	12.5	67.4
能量（千卡）[3]	239	289	297	285	305	349	130
蛋白质（克）	7.30	6.45	6.95	5.85	5.85	7.1	2.3
总脂质（脂肪）（克）	1.05	0.85	0.65	0.50	1.05	0.5	0.1
碳水化合物（克）	73.96	76.39	75.15	76.76	78.45	79	30
膳食纤维	1.50	1.40	2.05	1.45	0.90	0.4	0
矿物质							
钙（毫克）	0.54	1.08	0.61	1.01	1.31	11	3
铁（毫克）	0.52	0.45	0.48	0.59	0.57	1.4	0.2
钾（毫克）	19.55	16.55	40.05	24.40	15.15	31	6
钠（毫克）	0.62	0.47	0.41	0.58	0.67	22	6
维生素							
硫胺素（维生素B_1，毫克）	0.52	0.63	0.46	0.47	0.34	0.11	0.02
烟酸（维生素B_3，毫克）	0.20	0.22	0.18	0.28	0.15	3.3	0

资料来源：[1] Nicholas等，2014；[2] 马来西亚食品成分数据库，网址http://myfcd.moh.gov.my（马来西亚卫生部营养司）；[3] 1千卡≈4.186千焦。

然而，已知稻米中的微量营养素的生物利用率很低。事实上，水稻种子含有大量的植酸，植酸是植物种子中磷的主要储存形式，也是矿物质离子的强烈螯合剂，形成的螯合物称为植酸盐或菲丁，为不溶性于水的稳定盐类，不能被人类吸收（Perera，Seneweera和Hirotsu，2018）。对来自高原的本土品种和在低地栽培的适应性品种等30种峇里奥大米的研究证实，峇里奥大米中铁、锌和钙的生物利用率很低（Lee等，2015）。

大米在食用前通常会储存一段时间，因此研究大米的营养成分是否受到储存的影响具有一定的价值。将几种峇里奥大米装在聚乙烯袋中，在室温下储存6个月，其主要营养素没有发生明显变化，但钙和铁含量有显著的变化。峇里奥·红色的钾含量在储存时间内减少了约一半，需要进一步分析以确认实验结果的可重复性，并确定其可能的促成因素。

总的来说，峇里奥大米在某些营养成分方面优于其他大米品种，但在其他营养成分方面表现较差。然而，目前还不清楚煮熟后的峇里奥大米是否也是如此，因为蒸煮等常见烹饪方式会大大降低大米中几乎所有的营养成分含量，表2-6显示了马来西亚食品成分数据库中熟米的营养成分，足以证明这一点。烹饪对峇里奥大米的营养价值的影响尚不清楚，仍是一个有待研究的重要课题。

有关峇里奥大米品种营养成分的研究工作尚未结束，不同来源的数据有时差别很大。例如，一项研究报告称，某一未知栽培品种的峇里奥大米中的钙、钾和钠含量分别为12.42、146.99和4.99毫克/100克（Thomas，Bhat和Kuang，2015）。同时，另一项研究（Lee等，2015）报告称，各种峇里奥大米的铁和钙含量分别为1～3毫克/100克和8～20毫克/100克。这些数字比Nicholas等（2014）报告的数字高几倍。

尽管精米是世界上大部分人口的主食，但大量进食精米可能会导致罹患Ⅱ型糖尿病的风险明显增加（Hu等，2012）。因此，血糖指数，即一种食物在进食后增加血糖水平的倾向的相对分数（参考食物葡萄糖的数值为100），是衡量大米健康程度的一个重要指标。Nicholas等（2014）测量了峇里奥大米品种和MR 219的血糖指数值，并与蒸煮白米进行了比较（表2-7）。

表2-7　峇里奥大米、MR 219和蒸煮白米的血糖指数

大米种类	血糖指数
峇里奥·阿丹·豪卢什（白）[1]	72.1±9.5
峇里奥·先生（白）[1]	62.2±8.9
峇里奥·红色（红）[1]	78.3±9.9
峇里奥·塞勒姆（黑）[1]	60.9±7.2
MR 219[1]	66.6±6.9
蒸煮白米[2]	73±4

资料来源：[1] Nicholas 等，2014；[2] Atkinson、Foster-Powell 和 Brand-Miller，2008。

　　峇里奥·先生和峇里奥·塞勒姆的血糖指数明显低于蒸煮白米，这表明它们比普通大米更健康。应该注意的是，蒸煮白米的数据包括数百个品种，因此表中的数值是一个估计的平均值。Fitzgerald 等（2011）在仪器中测量了235个大米品种的血糖指数，发现其数值在48 ~ 92。此外，该研究还发现水稻的蜡质基因与血糖指数的高低有关，但该结论是否适用于峇里奥大米还需要进一步研究。

　　影响峇里奥大米营养质量的另一因素为植物化学成分，这引起了研究人员的关注，其中，含天然素的品种是关注的重点。Lee 等（2015）量化了3个含天然素的峇里奥大米品种和27个无天然素的峇里奥大米品种的总酚含量，发现前者（红色和深紫色）的总酚含量（382.7 ~ 852.0微克/克，以没食子酸计）比后者（52.7 ~ 272.0微克/克）高。一项体外研究证实，报告中名称为Hitam、Bario 和 Udang 水稻是含色素的马来西亚高原水稻品种，比低地白米和含天然素的水稻品种拥有更高的抗氧化活性（Kamdi，2018）。作者进一步研究了蒸煮大米的抗氧化活性，发现大米煮熟后，总抗氧化剂和酶活性平均有75%被分解或失活了，该研究通过计算机模拟简要探讨了一些抗氧化蛋白的热稳定性。

　　其他对峇里奥大米品种营养质量的有趣研究，包括一项关于其食品加工的化学和物理特性的研究（Thomas 等，2014a），以及一项对峇里奥大米和印度巴斯马蒂大米所制成米粉的物理性质和感官品质进行对比的研究（Thomas 等，2014b）。峇里奥大米适合加工，与印度巴斯马蒂大米相比，消费者更喜欢峇里奥大米制作的米线。

总结

　　婆罗洲高原的本土水稻及其相关农业实践，是由该地区的原住民在特有的自然环境中，历经数个世纪形成的。近年来，峇里奥大米和贝拉斯·阿丹·拉央米被认定为地理标志后，人们认识到水稻对当地人的生活和环境生物多样性的极端重要性。目前有越来越多的研究，针对这些水稻的遗传和营养状况展开，初步结果显示，由于其低血糖指数、高抗氧化活性、良好的可加工性以及其加工产品独特的感官品质，婆罗洲高原的一些本土水稻在促进健康饮食方面有很大的潜力。同时，多方共同努力，特别是峇里奥大米开发项目，旨在大大改善稻农的生计，同时保留传统农业实践的优点，以确保环境的可持续性。

　　在本节提到的亟待解决的问题中，术语是最关键的一个。尽管峇里奥大米是一个正式的地理标志名称，但是峇里奥大米一词被广泛地用来指代产自峇里奥的大米品种（即不一定在高原地区种植）。关于地理标志大米的报告也有不一致之处：有些研究将峇里奥大米限定为白米，而其他研究则包括白、红和黑多个品种。阿丹大米一词也常被滥用，这使得消费者无法分辨产品是否为产自婆罗洲高原的本土水稻。这种信息不对等在某种程度上，也使得峇里奥大米营养成分数据产生巨大差异。基因型测定已经初见成效，应该进一步精确地识别婆罗洲高原的特色水稻栽培品种，并建立一个科学的命名系统，这些信息可以推动婆罗洲高原本土水稻进一步发展，例如，将这些品种加入国家食品成分数据库，在标签上加入正确的营养信息，建立更好的地理标志认定系统和营销策略等。

3 专　题

3.1　规范地理标志食品以保持和提高营养质量

　　为保证地理标志食品具有特定的营养价值，必须明确规范化生产过程中的关键步骤，特别是涉及生产材料和加工步骤。如使用当地特有的材料用于发酵，须明确规范化相关步骤。在生产过程中，也应严格遵循规范。本书对腐乳和帕尔马干酪的分析表明，材料和温度、湿度、时间等加工条件直接决定了营养物质和生物活性化学物质的含量。地理标志食品生产规范明确了长期经验中总结出的生产程序，并以精细化的方式进行生产，因此，生产时遵循生产规范能够有效、稳定地产出高品质地理标志食品。然而，对许多非地理标志的传统食品来说，尚未明确建立可重复的生产规范，影响了这些传统食品的安全及品质，不仅会在消费者中口碑下降，更会让消费者对生产者，通常是小规模生产商或家庭作坊失去信任。

　　众所周知，不当的加工过程会影响食品的安全性，然而，却很少有人提及它对食品营养价值的不利影响。许多地理标志食品和传统食品都需要经过加工，其加工程度通常在NOVA食品分类系统1、2和3类的范围内（插文5）。从本书中对腐乳和帕尔马干酪的分析可以看出，发酵一类的加工技术可能很复杂，其生产过程需要一定的专业知识。因此，在部分专业知识不足、设备落后或监管不严的地区，生产会存在一定问题，技术水平或设备落后的生产者可能会使用大量的糖、油和防腐剂等。原本属于第1类的食品被调整为第3类或第4类，原本为健康饮食的食品被过度加工，人体的摄入量越多，非传染性疾病风险就越大。

　　完善并严格执行地理标志规范，也许能提高传统食品安全和营养质量的稳定性。出于这方面的考虑，生产和加工步骤的规范化及规范的执行至关重要。生产者需要更加重视生产方法和产品营养质量之间的关系，这有助于制定地理标志规范，以此提高或保证地理标志产品的营养质量，推动健康饮食发展。在特殊情况下，更多地从健康和营养角度出发，尝试开发新产品，如低盐腐乳。

插文5　NOVA食品分类系统及其对饮食的影响

NOVA食品分类系统根据食品工业加工的加工性质、加工程度和加工目的对所有食品进行分类。该分类涉及物理、生物和化学加工技术，将食品从自然界分离出来后会应用到相关技术，在食用或制作菜肴前也会应用到相关技术。

第1类：未加工或最少加工食品

未加工食品也称天然食品，是指植物的果实、叶子、茎、种子、根等可食用部分，动物的肌肉、内脏、蛋或奶等可食用部分，以及从自然界分离的真菌、藻类和水。

最少加工食品是指去除不可食用或不需要部分的食品，或通过干燥、粉碎、碾磨、制粉、分馏、过滤、烘烤、煮沸、非酒精发酵、巴氏杀菌、冷藏、冷冻、放入容器和真空包装等过程改变的天然食品。这些方法和过程旨在保存天然食品，使其便于储存，或安全可食用，或改善口感。未加工食品和最少加工食品之间的区别不是特别大。

适当搭配不同种类的食物，这一类中的所有食物都构成健康饮食的基础。

第2类：加工的烹饪原料

加工的烹饪原料包括植物油、黄油、猪油、糖和盐，是通过压榨、精炼、碾磨和脱水等过程从第1类食物或自然界中提取的物质。它们很少且几乎不会被单独食用。与其他食物搭配使用，会使菜肴更加可口、多样和营养。

许多烹饪原料都很便宜，人们有时会用量过多。适量使用，能使菜肴更加美味可口，营养均衡，且能量密度比大多数即食食品低得多。

第3类：加工食品

加工食品，如蔬菜罐头、鱼罐头、水果罐头、奶酪和新做的面包，基本上是通过向第1类食品中添加盐、油、糖或其他物质而制成。使用的工艺包括各种保鲜及烹饪方法，面包和奶酪还使用了非酒精发酵。

大多数加工食品只有2~3种成分，可认为是第1类食品的改良版。可以单独食用，但更多时候与其他食品一起搭配食用。加工是为了增加第1类食品的保质期，或改变提高其感官品质。

与加工的烹饪原料一样，人们也可能过量使用加工食品。适量使用，如适量添加腌制肉类，能够烹饪出美味的菜肴，且营养均衡，能量密度低于大多数即食食品的能量密度。

第4类：超加工食品

超加工食品，如软饮料、甜味或咸味包装零食、重组肉制品和预制冷冻菜肴，不是改性食品，而是主要或完全由食品加工物和添加剂制成的，即使有完的第1类食品也很少使用。

生产超加工食品的过程涉及不同步骤和不同行业。超加工食品的配料通常也用于加工食品，如糖、油、脂肪或盐。然而，超加工产品还包括通常不用于烹饪的其他能量和营养物质来源。

对2001—2015年在11个国家收集的具有各国代表性的数据库进行分析后，有证据表明用超加工食品替代非超加工食品会导致饮食营养质量的整体下降。事实上，经多国开展的具有不同实验设计的研究数据证实，超加工食品取代非超加工产品增加了肥胖及其他多种非传染性疾病的患病风险，乃至导致早逝。

资料来源：改引自Monteiro等，2018和2019年。

3.2 地理标志食品对健康饮食的潜在贡献

地理标志食品体现并保留了种植植物、饲养动物和加工食品的方式，这些方式影响了区域传统饮食。虽然在过去几十年里，工业化食品生产使得食品供应量大大提升，但也产生了严重而难以解决的健康问题，如全球范围内的肥胖和非传染性疾病问题。这些问题部分是由超加工食品的广泛普及，以及随之而来的饮食转变导致的（Monteiro等，2019；Srour等，2019）。事实上，2017年全球近20%的死亡都是不健康的饮食导致的（2017年全球负担研究饮食协作者，2019）。食用传统饮食，或鼓励人们多摄入传统饮食中大量未加工或最少加工的食品，能够帮助人们应对全球健康挑战［国际地中海先进农艺研究中心（CIHEAM）和FAO，2015；Sofi等，2008；Willett等，2019］。地理标志食品，或更为广义的传统食品通过自身高品质潜移默化地影响消费者行为，也许能在未来逆转不健康饮食的趋势。

在饮食中摄入地理标志食品

在日常饮食中用更有营养的地理标志食品替代一些食物能够改善人们的健康。这需要继续推动人们购买传统（地理标志）食品。事实上，本书对地理标志食品的分析表明，地理标志食品比非地理标志食品有着更好的营养质量。

在一项有50名健康志愿者参与的双盲、随机研究中，Weill等（2002）向一个对照组和一个实验组提供了相同的膳食，膳食类型的唯一区别在于其中的动物性食品。实验时间相对较长，经过两个35天的周期和一个18天的洗脱期。所有相关动物的品种和性别都相同，并在类似的条件下饲养。不过，对照组中的动物用常规饲料喂养，而实验组的动物饲料中补充了亚麻籽。给动物补充亚麻籽后，牛奶、鸡蛋、猪肉和鸡肉四类动物性食品中共轭亚油酸和n-3脂肪酸含量会更高，它们脂肪酸构成的特征与卡纳伦特贾纳牛肉的相似。在实验结束时，研究人员测量了参与者的血脂状况，发现实验组的n-3脂肪酸和共轭亚油酸水平更高，且n-6/n-3比率更低，这说明实验组的平均血脂状况比对照组更健康。虽然没有针对其他食物的类似研究，但从该报告能够看出，食物替代的方法有望取得不错的成效。

值得注意的是，替代物无需局限于同一类型的食物。例如，在烹饪时，毛豆可以替代盐，这样就能将毛豆的许多有益营养成分引入饮食中，其高盐含量也能增加菜肴的风味。

此外，食物替代法甚至不需要人们改变饮食习惯。诚然，改变饮食习惯是更为彻底的一种方式，具有更深远的益处，但由于文化差异和社会经济条件的限制，改变饮食结构总是困难重重。

地理标志食品对消费者行为的影响

消费者对食品的偏好涉及复杂的因素，关于这个主题的研究有不少。虽然对该主题的详尽探讨超出了本书的范围，但仍然有几点值得我们了解。

首先，对消费者行为影响因素的研究往往会有不一致的结论，这是因为不同的研究在人口、食品类型和地区方面存在着巨大的差异，更不用说样本大小、代表性产品和研究方法等技术细节也各不一致。就有机食品而言，利他主义层面关注环境或动物福利等；个人层面关注健康、营养和食品安全、食品口味及产品新鲜度，其他因素涉及搜索成本、饮食模式和对标签的认识等，以上都可能是食品购买和消费的重要考虑因素（Padilla Bravo等，2013）。消费者偏好的地理标志食品和传统食品，很大程度上与有机食品有重叠，不太可能只受少数几个因素影响。

其次，人们通常将食品的地理标志、有机、传统或本地标签视为与狭义上营养概念相分离的属性，即在消费者看来，地理标志、有机、传统或本地食品不一定具有更高的营养价值（Feldmann和Hamm，2015；Gracia和de-Magistris，2016；Grunert和Aachmann，2016）。

第三，有证据表明，仅仅强调健康和营养可能不足以改变消费者行为。

对普通人来说，基于健康和营养的论点可能过于复杂或抽象，也可能不是影响消费者行为的主要因素（Guthrie，Mancino 和 Lin，2015）。一个有趣的研究课题为，地理标志食品的感官品质及其与原产地的社区、文化和传统习俗的联系是否以及如何有助于饮食指南的实施，即地理标志食品是否可以基于感官品质和社会心理机制推动健康饮食（Fischler 和 Masson，2008）。

第四，消费者购买地理标志食品意愿的研究往往不把营养价值当作一个影响因素。在某些关于有机食品和传统食品购买意愿的研究中，营养价值被纳入影响因素。然而，微量营养素和其他有益化学物质含量等细节方面还缺少相关研究。

总结

营养丰富的地理标志食品和传统食品可能会成为健康饮食的重要组成部分，研究人员和消费者却往往忽视这一点。需要进一步优化和强化相关观念，以转变人们的认识。地理标志食品和传统食品应在多大程度上融入日常饮食，取决于饮食的构成、人口的营养状况、可获得性、可负担性和供应稳定性，以及文化和社会经济因素。总体而言，理想情况下需要涵盖所有这些领域且做全面评估，但在实际情况下可能会遇到种种困难。因此，应优先考虑评估不同人群饮食的详细结构，并试行促进营养食品消费的措施。在供应方面，应开发更多满足消费者营养需求的地理标志食品，并在地理标志食品的开发和营销中充分考虑到营养价值。

3.3　食品成分测定

要了解食品内在营养价值，需要先知道化学成分。本书的所有案例研究都是基于食品的详细营养成分。也许是因为建立或更新食品成分数据库（FCDBs）时，常遗漏了传统食品或地理标志食品，此类食品的营养价值信息并不全面。因此，也就难以研究传统食品或地理标志食品对改善饮食营养方面的影响。

近年来，人们对传统食品的认识不断深入。欧洲食品信息来源（EuroFIR）等也为确定传统食品的营养成分进行了一些研究（Finglas，Berry 和 Astley，2014）。在欧洲食品信息来源的传统食品工作包（the Traditional Foods Work Package of EuroFIR）中，确定了"传统"的定义，从参与国中选择传统食品并进行采样，计划需要分析的营养成分和分析方法，最后将收集到的实验数据纳入食物成分数据库（Costa 等，2010）。总之，该项目开辟了一条新道路，通过多国合作能够获得最新可靠的传统食品营养数据。

　　除了火腿和奶酪等食品外，欧洲食品信息来源项目分析的许多传统食品都是由各种食材制成的菜肴，如汤、意大利方形饺、披萨、烤肉、蔬菜和肉类菜肴、饼干等。这反映了目前研究人员的共识，即传统的食物成分数据库或一般的营养研究有不少缺陷，并未考虑到影响营养素生物利用率和体内生物活性的诸多因素，特别是食品加工和食品成分之间的相互作用（Jacobs 和 Tapsell，2007；Jacobs 和 Temple，2012；Moughan，2020）。

　　有一篇综述涉及了影响宏量营养素消化的因素，该综述发现食品中宏量营养素的生物利用率会受到多种因素的极大影响，包括其在食品中的结构形式、食品的加工程序以及与消化过程中相互作用的饮食成分（Capuano 等，2018）。基于消化率研究数据，该综述还发现，实际上在饮食中加入高膳食纤维和全谷物或种子，所提供的能量摄入量大大低于根据标签成分表上计算得出的摄入量，而这些成分表来自于食物成分数据库。

　　准确测量能量和营养素摄入量方面，仍有许多技术障碍需要克服。为此，可能需要对食物成分数据库的规则进行根本性的改革。评估实际菜肴的营养成分就是第一步。在欧洲食品信息来源倡议之后，有关传统菜肴的数据已经渐渐多了起来（Costa 等，2013；Durazzo 等，2019，2017）。

　　正如案例研究所示，一些通常不收录在食物成分数据库中的生物活性食品成分对健康非常有益。常常只有学者或健康意识较强的人关注它们，部分原因是营养标签上没有强制提及其含量。由于没有正式的方法来测量这些含量，就没有权威的数据，导致涉及这些生物活性化学物质的健康声明一片混乱。应确立官方指标和测量方法，首先从检测方法成熟的生物活性化学物质开始，如总多酚和总黄酮（Durazzo 等，2017）。然而生物活性食品成分是否应该包括在食物成分数据库中仍有争议，因为其摄入和人体健康之间的关系仍未得到充分解读。以上争议突出体现在抗氧化剂的使用上，如插文6所示，它是研究最广泛的生物活性食品成分之一。

　　正如第2.2节和第2.3节中关于腐乳和帕尔马干酪的内容所示，发酵食品中的微生物对健康有极大影响。尽管食物成分数据库的范围尚未纳入微生物，但也许需要将常见发酵食品中的典型微生物纳入数据库以作为相关产品的质量保证和防伪措施。

　　目前没有被纳入食物成分数据库的另一项重要数据为添加剂含量。插文5中NOVA分类定义了超加工食品，其摄入与非传染性疾病风险之间的正相关关系表明，一些添加剂，特别是那些只出现在超加工食品中的添加剂，可能对健康有严重不利影响。正如第3.1章所简述，地理标志食品和传统食品通常是未加工或最少加工食品，比超加工食品更为健康。但应注意，许多最少加工食品实际上应归类为加工食品。将添加剂含量纳入食物成分数据库，能促进人们食用健康食品。

最后，值得注意的是，地理标志注册通过规定地理标志食品的成分和营养成分，提高了人们对传统食品营养价值的认识。摄入地理标志食品有助于实现饮食的多样化，食品中的特定营养成分与当地特色品种、土壤成分、气候条件及传统做法密切相关。

插文6　目前关于抗氧化剂对健康影响的观点

抗氧化剂对人类健康的影响可能受抗氧化剂的摄入形式和剂量影响。

一方面，人们已发现，富含抗氧化剂的水果和蔬菜是健康饮食的重要组成部分。全球饮食指南强烈建议增加水果和蔬菜的摄入量，有大量证据表明，摄入水果和蔬菜有助于降低一些非传染性疾病（NCDs）的风险。

另一方面，大多数大规模、长期、双盲的抗氧化剂补充剂临床试验并未发现，大剂量的抗氧化剂补充剂，可以预防非传染性疾病和其他疾病。此处，大剂量指高于包括水果和蔬菜在内的平衡饮食所提供的剂量。事实上，在某些情况下，大剂量的抗氧化剂补充剂却可能增加健康风险。

目前尚不明确的是，抗氧化剂是否能让水果和蔬菜起到有效预防非传染性疾病的作用，因为水果和蔬菜中还存在其他成分，参与实验的人员也不止摄入了水果和蔬菜，且不能完全排除社会经济地位和生活方式等其他因素。此外，天然抗氧化剂的化学形态有时与补充剂中的不同，尚不清楚这是否会影响抗氧化剂的效果。

资料来源：转自美国国家辅助综合健康中心（NCCIH），2013；瑞典卫生署技术评估和社会服务评估（SBU），1997；WHO，2014。

4 总 结

4.1 不足

在前几节叙述中，已提到目前有关地理标志食品营养成分的文献存在局限性，以下对其进行总结。

水果和蔬菜虽然具有极高的营养价值，但全球水果和蔬菜的摄入量却十分不足（Willett等，2019）。尽管有不少地理标志水果和蔬菜，因为缺少地理标志果蔬和非地理标志果蔬营养价值的对比研究，本书没有以地理标志果蔬为例。与这些地理标志果蔬成分有关的工作应集中在特定品种的数据收集上，这也许会推动市场差异化。只要是成分安全的水果和蔬菜，几乎都含有充足的营养，建议增加摄入量。

明确非传染性疾病是由哪些化合物或食物导致的，或确定哪些药物可用于治疗非传染性疾病，大概都非常困难，有时甚至在技术上难以实现。本书所讨论的那些尚未得出结论的报告间的矛盾已经证明了这一点。以下有若干要点：

- 严格的人体研究数量非常有限，那些符合最严格标准（双盲、随机、安慰剂对照、大规模和长期）的研究特别少。这类研究进行起来困难重重，需要大量的时间和金钱；但是，此类研究是证明某种化合物或食品与特定疾病之间是否存在联系的唯一途径。
- 体外研究和动物研究没有足够结论的重要原因之一是，它们不能反映人类的代谢过程；因此难以考虑到生物利用度，而这是化合物和食品影响人类健康的关键因素。
- 食物是一个复杂的基体，这种复杂性可能随着加工和烹饪而成倍增加。食物本身的物理和化学特性如何因加工和烹饪而改变，以及成分如何发生相应的变化和反应，仍然需要大量的研究。
- 食物是作为饮食的一部分被吸收的。这就引出了不同食物间在饮食层面上的相互作用，也是未来研究中的一个重要课题。

- 大多数非传染性疾病的发病是由多种因素导致的。除了饮食和个人特性外，生活方式、保健、卫生、社会经济地位、环境等大量因素都可能起到影响。因此，制定政策和分配资源来预防和降低非传染性疾病变得特别具有挑战性。

- 本书没有讨论但值得特别指出的一点是，尽管迄今为止几乎所有的研究都集中在西方人及其饮食模式上，但在世界其他地区，非传染性疾病的发病率也很高，而且近年来变得越来越高。

不过我们已经证实：均衡、健康的饮食可以大大降低许多非传染性疾病的风险（2017年全球负担研究饮食协作者，2019）。因此，研究地理标志食品或传统食品在促进健康饮食方面可能起到的作用具有一定价值。

大量研究涉及了地理标志食品的感官品质以及消费者对它们的态度。虽然这一重要课题超出了本书的讨论范围，但却强烈地影响着消费者对食物的偏好，继而影响着食物摄入量，因此在塑造饮食结构方面发挥着重要作用。消费者对感官品质的态度值得深入研究，因为这是地理标志食品在健康饮食中所占角色的一项重要内容。调查研究文化和相关社会心理因素在消费者对地理标志食品的观感和行为中的作用也十分重要。

4.2 地理标志食品研究与开发的未来之路

通过讨论一些地理标志食品的营养特点，本书首次尝试提高地理标志食品或传统食品在健康饮食中的作用。地理标志认可有助于保持传统食品的品质，也能提高传统食品在营养方面的重要地位，助力当前和未来地理标志食品的发展。

目前地理标志食品的规范没有系统地纳入营养方面的标准。即使在准备地理标志注册时，对此类食品的营养方面进行了研究，也很少公布数据。然而，正如案例研究所示，一直有学者研究地理标志食品的营养价值。也许是因为地理标志认证的出现，使得企业、消费者和学术界对此类研究产生了兴趣，进而推动了此类研究的发展。地理标志食品的生产者和经销商可能把富含营养当作一种营销手段，用于增加食品的商业价值。消费者则认为地理标志食品更富有营养，并希望开展相关研究以证实这一点。由于社会和文化联系，地理标志食品指定地理区域内或附近的学术机构（下文称为当地机构）也许会研究相关食品的营养价值。从最知名或最有利的食品开始，利用这些联系来扩大地理标志食品的营养研究范围。

测定食品成分需要耗费大量的时间和金钱，有时还受限于设备和科研人员，至少在食品生产地区附近，条件是受限的。因此，要求全世界的地理标志规范都包括定量的营养素信息不太现实。然而，凡是为申请地理标志认可而测定的营养素信息，都应鼓励公开数据。此外，应激励包括生产者、消费者和学术界在内的利益相关者将营养纳入地理标志规格。为此，可以采取以下措施：

- 提高生产者对食品营养质量的认识，研究营养质量与当地条件和生产方法之间的联系，以及如何在保持与原产地有关质量的前提下提高其营养质量。应尽可能地在生产商生产和加工过程中提供支持，以保持和提高食品营养价值。
- 提高广大社会对健康饮食和生活方式重要性的认识。
- 注重营养研究方面的能力建设。根据具体情况，重点可能是确定食品成分，包括生物活性化合物和发酵食品的微生物概况、食品成分的体内生物活性或强有力的临床试验。根据本书的文献综述，地方机构是地理标志食品研究的主导力量，即关于地理标志食品的研究大多由与这些食品相关地理区域的机构进行。针对这些机构可展开相应职能建设。

　　食物一直是饮食的一部分。地理标志食品或传统食品可以通过替代类似食品或成为饮食的一个组成部分来促进健康饮食，从而扭转饮食不健康的现状。地理标志食品多样化，具有独特的品质，所以地理标志越是被开发和认可，对健康饮食做出贡献就越大。饮食结构是规划鼓励摄入营养食品方案的关键。此外，地理标志所体现的许多概念和思想，如与自然相处之道、对保护环境的重视、珍惜食物的态度以及质量优于产量等，也适用于饮食以外的可持续发展。

　　在更大的层面上，要提供依据以促进非传染性疾病预防及改善健康，营养研究需要转变模式，从还原论到集中关注特定食物中的成分，也就是从关注特定的化合物转向关注食物协同作用和饮食中食物之间的相互作用（Jacobs和Tapsell，2007）。未来的营养政策应基于类似的系统思维，从系统上开始转变，从仅将健康视为医疗问题转变为系统地应对食品环境中个体、社区、社会文化、国家和全球问题（Mozaffarian，Rosenberg和Uauy，2018）。

REFERENCES 参考文献

Abosereh, N.A., El Ghani, S.A., Gomaa, R.S. & Fouad, M.T. 2016. Molecular identification of potential probiotic lactic acid bacteria strains isolated from Egyptian traditional fermented dairy products. *Biotechnology*, 15(1–2): 35–43.

Achi, O.K. 2005a. Traditional fermented protein condiments in Nigeria. *African Journal of Biotechnology*, 4(13). (also available at https://www.ajol.info/index.php/ajb/article/view/71612).

Achi, O.K. 2005b. The potential for upgrading traditional fermented foods through biotechnology. *African Journal of Biotechnology,* 4(5): 375–380.

Ajuwon, O.R., Marnewick, J.L. & Davids, L.M. 2015. Rooibos (Aspalathus linearis) and its major flavonoids — potential against oxidative stress-induced conditions. In S.J.T. Gowder, ed. *Basic principles and clinical significance of oxidative stress*, pp. 171–218. London, InTechOpen. (also available at www.intechopen.com/books/basic-principles-and-clinical-significance-of-oxidative-stress/rooibos-aspalathus-linearis-and-its-major-flavonoids-potential-against-oxidative-stress-induced-cond).

Alfaia, C.M., Quaresma, M.A., Castro, M.L., Martins, S.I., Portugal, A.P., Fontes, C.M., Bessa, R.J. *et al.* 2006a. Fatty acid composition, including isomeric profile of conjugated linoleic acid, and cholesterol in Mertolenga-PDO beef. *Journal of the Science of Food and Agriculture*, 86(13): 2196–2205. https://doi.org/10/fwrv5g.

Alfaia, C.M.M., Ribeiro, V.S.S., Lourenço, M.R.A., Quaresma, M.A.G., Martins, S.I.V., Portugal, A.P.V., Fontes, C.M.G.A. *et al.* 2006b. Fatty acid composition, conjugated linoleic acid isomers and cholesterol in beef from crossbred bullocks intensively produced and from Alentejana purebred bullocks reared according to Carnalentejana-PDO specifications. *Meat Science*, 72(3): 425–436. https://doi.org/10/brq586.

Alfaia, C.P.M., Alves, S.P., Martins, S.I.V., Costa, A.S.H., Fontes, C.M.G.A., Lemos, J.P.C., Bessa, R.J.B. *et al*. 2009. Effect of the feeding system on intramuscular fatty acids and conjugated linoleic acid isomers of beef cattle, with emphasis on their nutritional value and discriminatory ability. *Food Chemistry*, 114(3): 939–946. https://doi.org/10/bmw7kg.

Alliance of the Indigenous Peoples of the Highlands of Borneo (FORMADAT). n.d. Vision & mission. In: About [online]. [Cited 2 March 2020]. https://formadat.org/vision-mission/.

Althani, A.A., Marei, H.E., Hamdi, W.S., Nasrallah, G.K., El Zowalaty, M.E., Al Khodor, S., Al-Asmakh, M. et al. 2016. Human microbiome and its association with health and diseases. *Journal of Cellular Physiology*, 231(8): 1688–1694. https://doi.org/10/f8xm6j.

Anal, A.K. 2019. Quality ingredients and safety concerns for traditional fermented foods and beverages from Asia: a review. *Fermentation*, 5(1): 8. https://doi.org/10/gfzjr8.

Antons, C. 2017. Geographical indications, heritage, and decentralization policies: the case of Indonesia. In I. Calboli & W.L. Ng-Loy, eds. *Geographical Indications at the Crossroads of Trade, Development, and Culture: Focus on Asia-Pacific*, pp. 485–507. Cambridge, Cambridge University Press. (also available at https://doi.org/10.1017/9781316711002.021).

Araújo, J.P., Cerqueira, J., Vaz, P.S., Pinto de Andrade, L., Várzea Rodrigues, J. & Rodrigues, A.M. 2014. Extensive beef cattle production in Portugal. *ResearchGate*, 31–44. Paper presented at the international workshop "New updates in animal nutrition, natural feeding sources and environmental sustainability", May 2014, Arzachena, Sardinia, Italy. (also available at www.researchgate.net/publication/275959155_Extensive_beef_cattle_production_ in_Portugal).

Atkinson, F.S., Foster-Powell, K. & Brand-Miller, J.C. 2008. International tables of glycemic index and glycemic load values: 2008. *Diabetes Care*, 31(12): 2281–2283. https://doi.org/10/ dkk8ww.

Bao, X., Xiang, S., Chen, J., Shi, Y., Chen, Y., Wang, H. & Zhu, X. 2019. Effect of Lactobacillus reuteri on vitamin B12 content and microbiota composition of furu fermentation. *LWT*, 100: 138–143. https://doi.org/10/gfzjsbf.

Bario rice gets GI certification. (1 December 2009). *The Star*. www.thestar.com.my/news/ nation/2009/12/01/bario-rice-gets-gi-certification.

Bergamo, P., Fedele, E., Iannibelli, L. & Marzillo, G. 2003. Fat-soluble vitamin contents and fatty acid composition in organic and conventional Italian dairy products. *Food Chemistry*, 82(4): 625–631. https://doi.org/10/bfb86k.

Bottari, B., Santarelli, M., Neviani, E. & Gatti, M. 2010. Natural whey starter for Parmigiano Reggiano: culture-independent approach. Journal of *Applied Microbiology*, 108(5): 1676–1684. https://doi.org/10/brxmdq.

Bouglé, D. 2012. Tea and iron metabolism. In V.R. Preedy, ed. *Tea in health and disease prevention*, pp. 275–288. London, UK, Waltham, USA and San Diego, USA, Academic Press.

Bramley, C. 2011. A review of the socio-economic impact of geographical indications: considerations for the developing world. Paper presented at the WIPO Worldwide Symposium on Geographical Indications, 22–24 June 2011, Lima, Peru. (also available at www.wipo.int/ edocs/mdocs/geoind/en/wipo_geo_lim_11/wipo_geo_lim_11_9.pdf).

Breet, P., Kruger, H.S., Jerling, J.C. & Oosthuizen, W. 2005. Actions of black tea and Rooibos on iron status of primary school children. *Nutrition Research*, 25(11): 983–994. https://doi. org/10/fwgbxh.

Caggia, C., De Angelis, M., Pitino, I., Pino, A. & Randazzo, C.L. 2015. Probiotic features of Lactobacillus strains isolated from Ragusano and Pecorino Siciliano cheeses. *Food Microbiology*, 50: 109–117. https://doi.org/10/f7ntdz.

Capuano, E., Oliviero, T., Fogliano, V. & Pellegrini, N. 2018. Role of the food matrix and digestion on calculation of the actual energy content of food. *Nutrition Reviews*, 76(4): 274–289. https://doi.org/10/gc6ktq.

Casarotti, S.N., Carneiro, B.M., Todorov, S.D., Nero, L.A., Rahal, P. & Penna, A.L.B. 2017. In vitro assessment of safety and probiotic potential characteristics of Lactobacillus strains isolated from water buffalo mozzarella cheese. *Annals of Microbiology*, 67(4): 289–301. https://doi.org/10/gf4mqx.

Chen, K.I., Erh, M.H., Su, N.W., Liu, W.H., Chou, C.C. & Cheng, K.C. 2012. Soyfoods and soybean products: from traditional use to modern applications. *Applied Microbiology and Biotechnology*, 96(1): 9–22. https://doi.org/10/f36tqq.

China, General Administration of Quality Supervision, Inspection and Quarantine (AQSIQ). 2014. 质检总局关于批准对大名小磨香油等产品实施地理标志产品保护的公告（2014年第139号）[online]. Beijing. [Cited 5 March 2019]. http://dlbzsl.hizhuanli.cn:8888/Product/Detail/436.

China, Institute of Nutrition and Food Safety, China Center for Disease Control and Prevention. 2005. *China food composition 2004 (book 2)*. Beijing, Peking University Medical Press.

Coloretti, F., Chiavari, C., Luise, D., Tofalo, R., Fasoli, G., Suzzi, G. & Grazia, L. 2017. Detection and identification of yeasts in natural whey starter for Parmigiano Reggiano cheese-making. *International Dairy Journal*, 66: 13–17. https://doi.org/10/f9qpt9.

Committee on World Food Security (CFS). 2016. Inclusive value chains for sustainable agriculture and scaled up food security and nutrition outcomes—background document. Forty-third Session "Making a difference in Food Security and Nutrition", 17–21 October 2016, Rome, Italy. Rome, FAO. 11 pp. (also available at www.fao.org/3/a-mr587e.pdf).

Consorzio del Formaggio Parmigiano Reggiano. n.d.a. The land. In: *The product* [online]. Reggio Emilia. [Cited 2 March 2020]. www.parmigianoreggiano.com/product-land.

Consorzio del Formaggio Parmigiano Reggiano. n.d.b. Parmigiano Reggiano [online]. Reggio Emilia. [Cited 2 March 2020]. www.parmigianoreggiano.com.

Consorzio del Formaggio Parmigiano Reggiano. n.d.c. Nutritional characteristics. In: *The product* [online]. Reggio Emilia. [Cited 2 March 2020]. www.parmigianoreggiano.com/product-guide-nutritional-characteristics.

Consorzio del Formaggio Parmigiano Reggiano. 2018. Production specifications for Parmigiano Reggiano cheese. Parmigiano Reggiano cheese production standards. Reggio Emilia. (also available at www.parmigianoreggiano.com/static/4db08c89bd2c0341972d5dba9e291cf4/fccfc490b379eaadf337bbadb08bdd93.pdf).

Consorzio per la Tutela del Grana Padano. n.d.a. Where Grana Padano comes from. In: *Production process* [online]. Brescia. [Cited 2 March 2020]. www.granapadano.it/en-ww/where-grana-padano-comes-from.aspx.

Consorzio per la Tutela del Grana Padano. n.d.b. *Specification of Grana Padano D.O.P.* Brescia. (also available at www.granapadano.it/public/file/DisciplinareGranaPadanoDOP17-7-18ING-31101.pdf).

Consorzio per la Tutela del Grana Padano. n.d.c. Nutritional values and calories of Grana Padano. In: *Grana Padano properties* [online]. Brescia. [Cited 2 March 2020]. www.granapadano.it/en-ww/nutritional-properties.aspx.

Coppola, R., Nanni, M., Iorizzo, M., Sorrentino, A., Sorrentino, E., Chiavari, C. & Grazia, L. 2000. Microbiological characteristics of Parmigiano Reggiano cheese during the cheesemaking and the first months of the ripening. *Le Lait*, 80(5): 479–490. https://doi.org/10/dv5s9k.

Costa, H.S., Albuquerque, T.G., Sanches-Silva, A., Vasilopoulou, E., Trichopoulou, A., D'Antuono, L.F., Alexieva, I. et al. 2013. New nutritional composition data on selected traditional foods consumed in Black Sea Area countries. *Journal of the Science of Food and Agriculture*, 93(14): 3524–3534. https://doi.org/10/gf55hh.

Costa, H.S., Vasilopoulou, E., Trichopoulou, A. & Finglas, P. 2010. New nutritional data on traditional foods for European food composition databases. *European Journal of Clinical Nutrition*, 64(S3): 73–81. https://doi.org/10/d49tbj.

Crippa, G., Zabzuni, D., Bravi, E., Cicognini, F.M., Bighi, E. & Rossi, F. 2016. Randomized, double-blind, placebo-controlled, cross-over study on the antihypertensive effect of dietary integration with Grana Padano DOCG cheese. *Journal of the American Society of Hypertension*, 10(S4): e6. https://doi.org/10.1016/j.jash.2016.03.014.

Cujó, C.E.R., Brito, G.W. & Montossi, F. 2016. Investigación para el desarrollo de estrategias nutricionales y genéticas que optimicen el contenido y el perfil de ácidos grasos de la carne vacuna uruguaya. Revisión. *Archivos Latinoamericanos de Producción Animal*, 24(4): 189–201.

Dakwa, S., Sakyi-Dawson, E., Diako, C., Annan, N.T. & Amoa-Awua, W.K. 2005. Effect of boiling and roasting on the fermentation of soybeans into dawadawa (soy-dawadawa). *International Journal of Food Microbiology*, 104(1): 69–82. https://doi.org/10/cpvcp2.

Daley, C.A., Abbott, A., Doyle, P.S., Nader, G.A. & Larson, S. 2010. A review of fatty acid profiles and antioxidant content in grass-fed and grain-fed beef. *Nutrition Journal*, 9: 10. https://doi.org/10/fbqdhv.

David, L.A., Maurice, C.F., Carmody, R.N., Gootenberg, D.B., Button, J.E., Wolfe, B.E., Ling, A.V., Devlin, A.S., Varma, Y., Fischbach, M.A., Biddinger, S.B., Dutton, R.J. & Turnbaugh, P.J. 2014. Diet rapidly and reproducibly alters the human gut microbiome. *Nature*, 505(7484): 559–563. https://doi.org/10/qgw.

Denter, J. & Bisping, B. 1994. Formation of B-vitamins by bacteria during the soaking process of soybeans for tempe fermentation. *International Journal of Food Microbiology*, 22(1): 23–31. https://doi.org/10/dxtw68.

De Rosa, M. 2014. The role of geographical indication in supporting food safety: a not taken for granted nexus. *Italian Journal of Food Safety*, 4(4). https://doi.org/10/gf8pp2.

detikNews. 2012. Sempat Diklaim Malaysia, Beras Adan Krayan Kini Milik Indonesia. In: *detiknews* [online]. [Cited 29 November 2019]. https://news.detik.com/berita/d-1815286/ sempat-diklaim-malaysia-beras-adan-krayan-kini-milik-indonesia.

Dias, S., Oliveira, M., Semedo-Lemsaddek, T. & Bernardo, F. 2014. Probiotic potential of autochthone microbiota from São Jorge and Parmigiano-Reggiano cheeses. *Food and Nutrition Sciences*, 5(18): 1793. https://doi.org/10/gf4bfn.

Dietert, R.R. & Dietert, J.M. 2015. The microbiome and sustainable healthcare. *Healthcare*, 3(1): 100–129. https://doi.org/10/gfzjrt.

Duncan, S.H., Belenguer, A., Holtrop, G., Johnstone, A.M., Flint, H.J. & Lobley, G.E. 2007. Reduced dietary intake of carbohydrates by obese subjects results in decreased concentrations of butyrate and butyrate-producing bacteria in feces. *Applied and Environmental Microbiology*, 73(4): 1073–1078. https://doi.org/10/bf527b.

Durazzo, A., Camilli, E., Marconi, S., Lisciani, S., Gabrielli, P., Gambelli, L., Aguzzi, A. *et al.* 2019. Nutritional composition and dietary intake of composite dishes traditionally consumed in Italy. *Journal of Food Composition and Analysis*, 77: 115–124. https://doi.org/10/gf55jd.

Durazzo, A., Lisciani, S., Camilli, E., Gabrielli, P., Marconi, S., Gambelli, L., Aguzzi, A. *et al.* 2017. Nutritional composition and antioxidant properties of traditional Italian dishes. *Food Chemistry*, 218: 70–77. https://doi.org/10/gf55h2.

Eghenter, C. 2014. Not only rice. In: *WWF* [online]. [Cited 29 November 2019]. wwf.panda. org/?219992/Not-only-rice.

Engels, M., Wang, C., Matoso, A., Maidan, E. & Wands, J. 2013. Tea not tincture: hepatotoxicity associated with rooibos herbal tea. *ACG Case Reports Journal*, 1(1): 58. https:// doi.org/10/gcb62b.

Erickson, L. 2003. Rooibos tea: research into antioxidant and antimutagenic properties. *HerbalGram*, 59: 34–45.

European Commission. 1996a. *Denomination information. Grana Padano.* In: Agriculture and rural development. DOOR [online]. [Cited 24 June 2019]. http://ec.europa.eu/agriculture/ quality/door/registeredName.html?denominationId=333.

European Commission. 1996b. *Denomination information. Carnalentejana.* In: Agriculture and rural development. DOOR [online]. [Cited 5 February 2019]. http://ec.europa.eu/agriculture/ quality/door/registeredName.html?denominationId=189.

European Commission. 1996c. *Denomination information. Parmigiano Reggiano.* In: Agriculture and rural development. DOOR [online]. [Cited 13 June 2019]. http://ec.europa.eu/agriculture/quality/door/registeredName.html?denominationId=518.

European Commission. 2019. Females in the field: more women managing farms across Europe. In: *News* [online]. Brussels. [Cited 2 March 2020]. https://ec.europa.eu/info/news/queens-frontage-women-farming-2019-mar-08_en.

European Parliament and Council of the European Union. 2012. Regulation (EU) No 1151/2012 of the European Parliament and of the Council of 21 November 2012 on quality schemes for agricultural products and foodstuffs. *Official Journal of the European Union*, L343: 1–29. (also available at https://eur-lex.europa.eu/legal-content/EN/TXT/?uri=OJ%3AL%3A2012%3A343%3ATOC).

FAO. 2006. *Building on gender, agrobiodiversity and local knowledge: a training manual*. Rome. 50 pp. (also available at wedo.org/wp-content/uploads/2005/10/a-y5956e.pdf).

FAO. 2009. *Linking people, places and products. A guide for promoting quality linked to geographical origin and sustainable Geographical Indications*. Second edition. Rome. 194 pp. (also available at www.fao.org/3/i1760e/i1760e.pdf).

FAO. 2017. *Nutrition-sensitive agriculture and food systems in practice*. Revised edition. Rome. 102 pp. (also available at www.fao.org/publications/card/en/c/9ca3cf89-6109-4a38-855f-6e218eae543b/).

FAO. 2018a. *Strengthening sustainable food systems through geographical indications: an analysis of economic impacts*. Rome. 135 pp. (also available at www.fao.org/3/a-i8737en.pdf).

FAO. 2018b. *Strengthening sector policies for better food security and nutrition results. Food systems for healthy diets. Policy Guidance Note 12*. Policy Guidance Series No. 12. Rome. 42 pp. (also available at www.fao.org/policy-support/tools-and-publications/resources-details/en/c/1178124/).

FAO. 2019. *The State of the World's Biodiversity for Food and Agriculture*. J. Bélanger & D. Pilling (eds.). FAO Commission on Genetic Resources for Food and Agriculture Assessments. Rome. 572 pp. (also available at www.fao.org/3/CA3129EN/CA3129EN.pdf).

FAO. 2020. Country briefs. In: GIEWS - *Global Information and Early Warning System* [online]. Rome. [Cited 2 March 2020]. www.fao.org/giews/countrybrief/index.jsp.

FAO, International Potato Center and SEAMEO Southeast Asian Regional Center for Graduate Study and Research in Agriculture. 2002. *Agrobiodiversity conservation and the role of rural women. An expert consultation report*. RAP Publication 2002/07. Bangkok, FAO. (also available at https://coin.fao.org/coin-static/cms/media/9/13171845461150/2002_07_high.pdf).

FAO & World Health Organization (WHO). 2002. *Guidelines for the evaluation of probiotics in food*. London, Ontario, Canada. (also available at www.who.int/foodsafety/fs_management/en/

probiotic_guidelines.pdf).

FAO & World Health Organization (WHO). 2014a. *Rome Declaration on Nutrition*. Second International Conference on Nutrition, 19–21 November 2014. Conference outcome document. Rome. 6 pp. (also available at www.fao.org/3/ml542e/ML542E.pdf).

FAO & World Health Organization (WHO). 2014b. *Framework for Action*. Second International Conference on Nutrition, 19–21 November 2014. Conference outcome document. Rome. 8 pp. (also available at www.fao.org/3/a-mm215e.pdf).

FAO & World Health Organization (WHO). 2018. *The nutrition challenge. Food system solutions*. Rome. 12 pp. (also available at www.fao.org/publications/card/en/c/CA2024EN/).

Feldmann, C. & Hamm, U. 2015. Consumers' perceptions and preferences for local food: a review. *Food Quality and Preference*, 40: 152–164. https://doi.org/10/f6wcrz.

Finglas, P.M., Berry, R. & Astley, S. 2014. Assessing and improving the quality of food composition databases for nutrition and health applications in Europe: the contribution of EuroFIR. *Advances in Nutrition*, 5(5): 608–614. https://doi.org/10/gf55hg.

Fischler, C. & Masson, E. 2008. *Manger: Français, Européens et Américains face à l'alimentation*. Paris, Editions Odile Jacob.

Fitzgerald, M.A., Rahman, S., Resurreccion, A.P., Concepcion, J., Daygon, V.D., Dipti, S.S., Kabir, K.A., Klingner, B., Morell, M.K. & Bird, A.R. 2011. Identification of a major genetic determinant of glycaemic index in rice. *Rice*, 4(2): 66–74. https://doi.org/10/bfzdcx.

Folkeson, C. 2006. *Geographical indications and rural development in the EU*. SLI-skrift No. 2006:1. Lund, Sweden, Livsmedelsekonomiska institutet (SLI). (also available at http://lup.lub.lu.se/luur/download?func=downloadFile&recordOId=1334511&fileOId=1647280).

Food and Fertilizer Technology Center for Asia and the Pacific Region (FFTC). 2002. MR 219, a new high-yielding rice variety with yields of more than 10 mt/ha. In: *Publications* [online]. Taipei, Taiwan, Province of China. [Cited 6 December 2019]. https://www.fftc.org.tw/en/publications/main/847.

Fragiadakis, G.K., Smits, S.A., Sonnenburg, E.D., Treuren, W.V., Reid, G., Knight, R., Manjurano, A. *et al*. 2018. Links between environment, diet, and the hunter-gatherer microbiome. *bioRxiv*: 319673. https://doi.org/10/gf27vp.

Fremont, M. 2001. *Agriculture in Europe: the spotlight on women*. Statistics in focus. Agriculture and fisheries. Theme 5 – 7/2001. Luxembourg, Eurostat. (also available at https://ec.europa.eu/eurostat/documents/3433488/5384969/KS-NN-01-007-EN.PDF/83d02d9c-c447-4a02-bfb2-1158e3cfcc76).

Frey-Klett, P., Burlinson, P., Deveau, A., Barret, M., Tarkka, M. & Sarniguet, A. 2011. Bacterial-fungal interactions: hyphens between agricultural, clinical, environmental, and food microbiologists. *Microbiology and Molecular Biology Reviews*, 75(4): 583–609. https://doi.

org/10/cbmjkx.

Fruet, A.P.B., Trombetta, F., Stefanello, F.S., Speroni, C.S., Donadel, J.Z., De Souza, A.N.M., Rosado Júnior, A. *et al*. 2018. Effects of feeding legume-grass pasture and different concentrate levels on fatty acid profile, volatile compounds, and off-flavor of the M. longissimus thoracis. *Meat Science*, 140: 112–118. https://doi.org/10/gdhwj5.

Gatti, M., Lindner, J.D.D., Lorentiis, A.D., Bottari, B., Santarelli, M., Bernini, V. & Neviani, E. 2008. Dynamics of whole and lysed bacterial cells during Parmigiano-Reggiano cheese production and ripening. *Applied and Environmental Microbiology*, 74(19): 6161–6167. https://doi.org/10/cq9zdh.

GBD 2017 Diet Collaborators. 2019. Health effects of dietary risks in 195 countries, 1990–2017: a systematic analysis for the Global Burden of Disease Study 2017. *The Lancet*, 393(10184): 1958–1972. https://doi.org/10/gfxx67.

Gentile, C.L. & Weir, T.L. 2018. The gut microbiota at the intersection of diet and human health. *Science*, 362(6416): 776–780. https://doi.org/10/gfkhg5.

Gibson, G.R., Hutkins, R., Sanders, M.E., Prescott, S.L., Reimer, R.A., Salminen, S.J., Scott, K. *et al* 2017. Expert consensus document: the International Scientific Association for Probiotics and Prebiotics (ISAPP) consensus statement on the definition and scope of prebiotics. *Nature Reviews Gastroenterology & Hepatology*, 14(8): 491–502. https://doi.org/10/gf3ncb.

Gibson, G.R. & Roberfroid, M.B. 1995. Dietary modulation of the human colonic microbiota: introducing the concept of prebiotics. *The Journal of Nutrition*, 125(6): 1401–1412. https://doi.org/10/gf226k.

Goodstine, S.L., Zheng, T., Holford, T.R., Ward, B.A., Carter, D., Owens, P.H. & Mayne, S.T. 2003. Dietary (n-3)/(n-6) fatty acid ratio: possible relationship to premenopausal but not postmenopausal breast cancer risk in U.S. women. *The Journal of Nutrition*, 133(5): 1409–1414. https://doi.org/10/gfzjs7.

Gracia, A. & de-Magistris, T. 2016. Consumer preferences for food labeling: what ranks first? *Food Control,* 61: 39–46. https://doi.org/10/gf5tjn.

Grunert, K.G. & Aachmann, K. 2016. Consumer reactions to the use of EU quality labels on food products: a review of the literature. *Food Control,* 59: 178–187. https://doi.org/10/gf5tkp.

Guthrie, J., Mancino, L. & Lin, C.T.J. 2015. Nudging consumers toward better food choices: policy approaches to changing food consumption behaviors. *Psychology & Marketing*, 32(5): 501–511. https://doi.org/10/gdpc5k.

Han, B.Z., Beumer, R.R., Rombouts, F.M. & Robert Nout, M.J. 2001. Microbiological safety and quality of commercial sufu – a Chinese fermented soybean food. *Food Control,* 12(8): 541–547. https://doi.org/10/dqsqf9.

Han, B.Z., Kuijpers, A.F.A., Thanh, N.V. & Nout, M.J.R. 2004. Mucoraceous moulds involved in the commercial fermentation of Sufu Pehtze. *Antonie van Leeuwenhoek*, 85(3): 253–257. https://doi.org/10/d6mjs8.

Han, B.Z., Rombouts, F.M. & Nout, M.J.R. 2001. A Chinese fermented soybean food. *International Journal of Food Microbiology,* 65(1): 1–10. https://doi.org/10/dz67sh.

Hemarajata, P. & Versalovic, J. 2013. Effects of probiotics on gut microbiota: mechanisms of intestinal immunomodulation and neuromodulation. *Therapeutic Advances in Gastroenterology*, 6(1): 39–51. https://doi.org/10/f4jcfk.

Hesseling, P.B., Klopper, J.F. & van Heerden, P.D. 1979. Die effek van rooibostee op ysterabsorpsie. *South African Medical Journal*, 55(16): 631–632.

High Level Panel of Experts on Food Security and Nutrition (HLPE). 2017. N*utrition and food systems. A report by the High Level Panel of Experts on Food Security and Nutrition of the Committee on World Food Security*. HLPE Report No. 12. Rome. (also available at www.fao. org/3/a-i7846e.pdf).

Holzapfel, W.H. 2002. Appropriate starter culture technologies for small-scale fermentation in developing countries. *International Journal of Food Microbiology*, 75(3): 197–212. https://doi. org/10/b8vs7n.

Hu, E.A., Pan, A., Malik, V. & Sun, Q. 2012. White rice consumption and risk of type 2 diabetes: meta-analysis and systematic review. *BMJ*, 344: e1454. https://doi.org/10/gb3r9p.

Huang, Y.H., Lu, T.J. & Chou, C.C. 2011. Ripening temperature affects the content and distribution of isoflavones in sufu, a fermented soybean curd. *International Journal of Food Science & Technology*, 46(2): 257–262. https://doi.org/10/bwgbrd.

Husted, K.S. & Bouzinova, E.V. 2016. The importance of n-6/n-3 fatty acids ratio in the major depressive disorder. *Medicina*, 52(3): 139–147. https://doi.org/10/gfzjtn.

International Center for Advanced Mediterranean Agronomic Studies (CIHEAM) & FAO. 2015. *Mediterranean food consumption patterns: diet, environment, society, economy and health. A White Paper Priority 5 of Feeding Knowledge Programme, Expo Milan 2015*. Bari, CIHEAM and Rome, FAO. 59 pp. (also available at www.fao.org/3/a-i4358e.pdf).

Ivey, M., Massel, M. & Phister, T.G. 2013. Microbial interactions in food fermentations. *Annual Review of Food Science and Technology,* 4(1): 141–162. https://doi.org/10/gfzjtp.

Izumi, T., Piskula, M.K., Osawa, S., Obata, A., Tobe, K., Saito, M., Kataoka, S. *et al.* 2000. Soy isoflavone aglycones are absorbed faster and in higher amounts than their glucosides in humans. *The Journal of Nutrition*, 130(7): 1695–1699. https://doi.org/10/gfzngm.

Jacobs, D.R. & Tapsell, L.C. 2007. Food, not nutrients, is the fundamental unit in nutrition. *Nutrition Reviews*, 65(10): 439–450. https://doi.org/10.1111/j.1753-4887.2007.tb00269.x.

Jacobs, D.R. & Temple, N.J. 2012. Food synergy: a paradigm shift in nutrition science. In N.J. Temple, T. Wilson & Jacobs, Jr, D.R., eds. *Nutritional health: strategies for disease prevention*, pp. 311–322. Nutrition and Health. Totowa, NJ, Humana Press. (also available at https://doi.org/10.1007/978-1-61779-894-8_14).

Jeffery, I.B. & O'Toole, P.W. 2013. Diet-microbiota interactions and their implications for healthy living. *Nutrients*, 5(1): 234–252. https://doi.org/10/f4jqqb.

Johansen, P., Vindeløv, J., Arneborg, N. & Brockmann, E. 2014. Development of quantitative PCR and metagenomics-based approaches for strain quantification of a defined mixed-strain starter culture. *Systematic and Applied Microbiology*, 37(3): 186–193. https://doi.org/10/f523hv.

Joubert, E., Beelders, T., de Beer, D., Malherbe, C.J., de Villiers, A.J. & Sigge, G.O. 2012. Variation in phenolic content and antioxidant activity of fermented rooibos herbal tea infusions: Role of production season and quality grade. *Journal of Agricultural and Food Chemistry*, 60(36): 9171–9179. https://doi.org/10/f37ksz.

Joubert, E. & de Beer, D. 2011. Rooibos (*Aspalathus linearis*) beyond the farm gate: from herbal tea to potential phytopharmaceutical. *South African Journal of Botany*, 77(4): 869–886. https://doi.org/10/bc3wjv.

Joubert, E., Jolley, B., Koch, I.S., Muller, M., Van der Rijst, M. & de Beer, D. 2016. Major production areas of rooibos (*Aspalathus linearis*) deliver herbal tea of similar phenolic and phenylpropenoic acid glucoside content. *South African Journal of Botany*, 103: 162–169. https://doi.org/10/gf4r5n.

Kamdi, N.H.B. 2018. *Antioxidant activity and antioxidant proteins dynamic simulation of Malaysia upland rice genotypes.* Skudai, Johor, Malaysia, Universiti Teknologi Malaysia. (Master thesis). (also available at http://eprints.utm.my/id/eprint/81459/1/NurulHafifiKamdiMFS2018.pdf).

Karolyi, D., Salajpal, K., Kiš, G., Đikić, M. & Jurić, I. 2007. Influence of finishing diet on fatty acid profile of longissimus muscle of Black Slavonian pigs. *Poljoprivreda*, 13(1): 176–179.

Keuth, S. & Bisping, B. 1993. Formation of vitamins by pure cultures of tempe moulds and bacteria during the tempe solid substrate fermentation. *Journal of Applied Bacteriology*, 75(5): 427–434. https://doi.org/10/b58qnx.

Keuth, S. & Bisping, B. 1994. Vitamin B12 production by Citrobacter freundii or Klebsiella pneumoniae during tempeh fermentation and proof of enterotoxin absence by PCR. *Applied and Environmental Microbiology*, 60(5): 1495–1499.

Khalesi, S., Bellissimo, N., Vandelanotte, C., Williams, S., Stanley, D. & Irwin, C. 2019. A review of probiotic supplementation in healthy adults: helpful or hype? *European Journal of Clinical Nutrition*, 73(1): 24. https://doi.org/10/gfzjrw.

Koeppen, B.H., Smit, C.J.B. & Roux, D.G. 1962. The flavone C-glycosides and flavonol O-glycosides of Aspalathus acuminatus (rooibos tea). *Biochemical Journal*, 83(3): 507. https://doi.org/10/gf4r4g.

72

Kristensen, N.B., Bryrup, T., Allin, K.H., Nielsen, T., Hansen, T.H. & Pedersen, O. 2016. Alterations in fecal microbiota composition by probiotic supplementation in healthy adults: a systematic review of randomized controlled trials. *Genome Medicine*, 8(1): 52. https://doi. org/10/bg82.

Kubo, Y., Rooney, A.P., Tsukakoshi, Y., Nakagawa, R., Hasegawa, H. & Kimura, K. 2011. Phylogenetic analysis of *Bacillus subtilis* strains applicable to natto (fermented soybean) production. *Applied and Environmental Microbiology*, 77(18): 6463–6469. https://doi.org/10/ dvqtv7.

Langford, V.S., Reed, C.J., Milligan, D.B., McEwan, M.J., Barringer, S.A. & Harper, W.J. 2012. Headspace analysis of Italian and New Zealand Parmesan cheeses. *Journal of Food Science*, 77(6): C719–C726. https://doi.org/10/f3255n.

Larkin, T., Price, W.E. & Astheimer, L. 2008. The key importance of soy isoflavone bioavailability to understanding health benefits. *Critical Reviews in Food Science and Nutrition*, 48(6): 538–552. https://doi.org/10.1080/10408390701542716.

Lee, H.H., Bong, C.F.J., Loh, S.P., Sarbini, S.R. & Yiu, P.H. 2014. Genotypic, grain morphological and locality variation in rice phytate content and phytase activity. *Emirates Journal of Food and Agriculture*: 844–852. https://doi.org/10/ggcw7f.

Lee, H.H., Loh, S.P., Bong, C.F.J., Sarbini, S.R. & Yiu, P.H. 2015. Impact of phytic acid on nutrient bioaccessibility and antioxidant properties of dehusked rice. *Journal of Food Science and Technology*, 52(12): 7806–7816. https://doi.org/10/f7zjnn.

Ley, R.E., Turnbaugh, P.J., Klein, S. & Gordon, J.I. 2006. Human gut microbes associated with obesity. *Nature*, 444(7122): 1022. https://doi.org/10/c45cjw.

Ligor, M., Kornyšova, O., Maruška, A. & Buszewski, B. 2008. Determination of flavonoids in tea and rooibos extracts by TLC and HPLC. *Journal of Planar Chromatography-Modern TLC*, 21(5): 355–360. https://doi.org/10/d4qdsq.

Liu, J., Han, B., Deng, S., Sun, S. & Chen, J. 2018. Changes in proteases and chemical compounds in the exterior and interior of sufu, a Chinese fermented soybean food, during manufacture. *LWT*, 87: 210–216. https://doi.org/10/gf2rnq.

Liu, Y. 2017. *Identification of microbial species diversity in fermented bean curd using 16S rDNA sequencing*. Jinan, Shandong, China, Shandong Normal University. (Master thesis). (also available at .http://kns.cnki.net/kcms/detail/detail.aspx?filename=1017236262.nh&dbcode=CM FD&dbname=CMFD2018&v=).

Liu, Y., Zou, W., Zuo, S., Li, Y. & Zhao, X. 2015. Isolation and identification of Bacillus in the natural fermentation of sufu. *Science and Technology of Food Industry*, 22: 213–215.

Lötter, D., van Garderen, E.A., Tadross, M. & Valentine, A.J. 2014. Seasonal variation in the nitrogen nutrition and carbon assimilation in wild and cultivated *Aspalathus linearis* (rooibos tea). *Australian Journal of Botany*, 62(1): 65–73. https://doi.org/10/gf4r47.

Ma, Y., Cheng, Y., Yin, L., Wang, J. & Li, L. 2013. Effects of processing and NaCl on angiotensin I-converting enzyme inhibitory activity and γ-aminobutyric acid content during sufu manufacturing. *Food and Bioprocess Technology*, 6(7): 1782–1789. https://doi.org/10/gf2b6s.

Malaysia, Ministry of Health, Nutrition Division. s.d. *The Malaysian Food Composition Database (MyFCD)* [online]. Malaysia, Putrajaya. [Cited 2 March 2020]. https://myfcd.moh.gov.my/index.html.

Marco, M.L., Heeney, D., Binda, S., Cifelli, C.J., Cotter, P.D., Foligné, B., Gänzle, M. *et al.* 2017. Health benefits of fermented foods: microbiota and beyond. *Current Opinion in Biotechnology,* 44: 94–102. https://doi.org/10/f97j3j.

Markowiak, P. & Śliżewska, K. 2017. Effects of probiotics, prebiotics, and synbiotics on human health. *Nutrients*, 9(9). https://doi.org/10/gfzjrz.

Marnewick, J.L., Venter, I., Rautenbach, F., Neethling, H. & Kotze, M. 2013. Rooibos: effect on iron status in South African adults at risk for coronary heart disease. In H.R. Juliani, J.E. Simon & C.T. Ho, eds. *African natural plant products Volume II: discoveries and challenges in chemistry, health, and nutrition*, pp. 103–114. ACS Symposium Series No. 1127. Washington, DC, American Chemical Society. (also available at https://doi.org/10.1021/bk-2013-1127.ch008).

McCue, P. & Shetty, K. 2004. Health benefits of soy isoflavonoids and strategies for enhancement: a review. *Critical Reviews in Food Science and Nutrition*, 44(5): 361–367. https://doi.org/10/b2knf2.

McKay, D.L. & Blumberg, J.B. 2007. A review of the bioactivity of South African herbal teas: rooibos (*Aspalathus linearis*) and honeybush (*Cyclopia intermedia*). *Phytotherapy Research*, 21(1): 1–16.

McNulty, N.P., Yatsunenko, T., Hsiao, A., Faith, J.J., Muegge, B.D., Goodman, A.L., Henrissat, B.*et al.* 2011. The impact of a consortium of fermented milk strains on the gut microbiome of gnotobiotic mice and monozygotic twins. *Science Translational Medicine*, 3(106). https://doi.org/10/ffrfwq.

Messina, M. 2016. Soy and health update: evaluation of the clinical and epidemiologic literature. *Nutrients*, 8(12): 754. https://doi.org/10/ggchbj.

Milani, C., Duranti, S., Napoli, S., Alessandri, G., Mancabelli, L., Anzalone, R., Longhi, G. *et al.* 2019. Colonization of the human gut by bovine bacteria present in Parmesan cheese. *Nature Communications*, 10. https://doi.org/10/gf388k.

Mokoena, M.P., Mutanda, T. & Olaniran, A.O. 2016. Perspectives on the probiotic potential of lactic acid bacteria from African traditional fermented foods and beverages. *Food & Nutrition Research*, 60. https://doi.org/10/gfzjvk.

Moloney, A.P., Fievez, V., Martin, B., Nute, G.R. & R. I. Richardson. 2008. Botanically diverse forage-based rations for cattle: implications for product composition, product quality and consumer health. In A. Hopkins, T. Gustafsson, J. Bertilsson, G. Dalin, N. Nilsdotter-Linde & E. Spörndly, eds. *Biodiversity and animal feed: future challenges for grassland production*, pp. 361–374. Uppsala, Sweden, Organising Committee of the 22nd General Meeting of the European Grassland Federation Swedish University of Agricultural Sciences. (also available at www.europeangrassland.org/fileadmin/documents/Infos/Printed_Matter/Proceedings/EGF2008.pdf).

Monteiro, C.A., Cannon, G., Lawrence, M., Costa Louzada, M.L. & Pereira Machado, P. 2019. *Ultra-processed foods, diet quality and human health.* Rome, FAO. 44 pp. (also available at www.fao.org/3/ca5644en/ca5644en.pdf).

Monteiro, C.A., Cannon, G., Moubarac, J.C., Levy, R.B., Louzada, M.L.C. & Jaime, P.C. 2018. The UN Decade of Nutrition, the NOVA food classification and the trouble with ultra-processing. *Public Health Nutrition*, 21(1): 5–17. https://doi.org/10/f9wrxn.

Morton, J.F. 1983. Rooibos tea,aspalathus linearis, a caffeineless, low-tannin beverage. *Economic Botany*, 37(2): 164–173. https://doi.org/10/c28px8.

Moughan, P.J. 2020. Holistic properties of foods: a changing paradigm in human nutrition. *Journal of the Science of Food and Agriculture*, n/a(n/a). https://doi.org/10.1002/jsfa.8997.

Moy, Y.S., Lu, T.J. & Chou, C.C. 2012. Volatile components of the enzyme-ripened sufu, a Chinese traditional fermented product of soy bean. J*ournal of Bioscience and Bioengineering*, 113(2): 196–201. https://doi.org/10/ft7n7m.

Mozaffarian, D., Rosenberg, I. & Uauy, R. 2018. History of modern nutrition science—implications for current research, dietary guidelines, and food policy. *BMJ*, 361. https://doi.org/10.1136/bmj.k2392.

Mustika, S. 2019. Favoritnya Sultan Brunei, Beras Krayan Memang Spesial. In: *detikTravel* [online]. [Cited 29 November 2019]. https://travel.detik.com/travel-news/d-4772672/favoritnya-sultan-brunei-beras-krayan-memang-spesial .

Naim, M., Gestetner, B., Bondi, A. & Birk, Y. 1976. Antioxidative and antihemolytic activities of soybean isoflavones. *Journal of Agricultural and Food Chemistry*, 24(6): 1174–1177. https://doi.org/10/fc2zjc.

National Center for Complementary and Integrative Health (NCCIH). 2013. Antioxidants: in depth. In: *Health information* [online]. Rockville Pike, USA. [Cited 17 December 2019]. www.nccih.nih.gov/health/antioxidants-in-depth .

Neviani, E., Bottari, B., Lazzi, C. & Gatti, M. 2013. New developments in the study of the microbiota of raw-milk, long-ripened cheeses by molecular methods: the case of Grana Padano and Parmigiano Reggiano. *Frontiers in Microbiology*, 4. https://doi.org/10/gf39t8.

Nicholas, D., Chua, H.P., Rosniyana, A. & Hazila, K.K. 2013. Effects of aging on physico-chemical properties, nutritional compositions and cooking characteristics of Bario rice. *Journal of Tropical Agriculture and Food Science*, 41(2): 239–248.

Nicholas, D., Hazila, K.K., Chua, H.P. & Rosniyana, A. 2014. Nutritional value and glycemic index of Bario rice varieties. *Journal of Tropical Agriculture and Food Science*, 42(1): 1–8.

Nishito, Y., Osana, Y., Hachiya, T., Popendorf, K., Toyoda, A., Fujiyama, A., Itaya, M. *et al.* 2010. Whole genome assembly of a natto production strain *Bacillus subtilis* natto from very short read data. *BMC Genomics*, 11: 243. https://doi.org/10/b6xgqh.

Noce, A., Marrone, G., Di Daniele, F., Ottaviani, E., Wilson Jones, G., Bernini, R., Romani, A. *et al*. 2019. Impact of gut microbiota composition on onset and progression of chronic non-communicable diseases. *Nutrients*, 11(5): 1073. https://doi.org/10/gf3hn2.

Nout, M.J.R. & Aidoo, K.E. 2002. Asian fungal fermented food. In H.D. Osiewacz, ed. *Industrial applications*, The Mycota, pp. 23–47. Berlin and Heidelberg, Springer-Verlag Berlin Heidelberg. https://doi.org/10.1007/978-3-662-10378-4_2.

Nout, M.J.R. & Rombouts, F.M. 1990. Recent developments in tempe research. *Journal of Applied Bacteriology*, 69(5): 609–633. https://doi.org/10/fmvf8q.

Omafuvbe, B.O., Shonukan, O.O. & Abiose, S.H. 2000. Microbiological and biochemical changes in the traditional fermentation of soybean for 'soy-daddawa'—Nigerian food condiment. *Food Microbiology*, 17(5): 469–474. https://doi.org/10/d473hw.

Omar, S.C., Jasmin, A.F. & Tumin, S.A. 2018. Monograph of paddy smallholders in Bario. Working paper. Kuala Lumpur, Khazanah Research Institute. (also available at www.krinstitute. org/assets/contentMS/img/template/editor/20181015_Bario%20Rice.pdf).

Organization for an International Geographical Indications Network (oriGIn). 2019a. Key-concepts of GIs. In: *Your GI Kit* [online]. Geneva. [Cited 2 March 2020]. www.origin-gi.com/your-gi-kit/key-concepts-of-gis.html.

Organization for an International Geographical Indications Network (oriGIn). 2019b. oriGIn Worldwide GIs Compilation. In: *oriGIn* [online]. Geneva. [Cited 2 March 2020]. www.origin-gi.com/i-gi-origin-worldwide-gi-compilation-uk.html?filter_17=AU&cc=p&start=60.

O'Toole, D.K. 2016. Soy-based fermented foods. *Reference Module in Food Science*, 3: 174-185. https://doi.org/10.1016/B978-0-08-100596-5.00129-3 .

Padilla Bravo, C., Cordts, A., Schulze, B. & Spiller, A. 2013. Assessing determinants of organic food consumption using data from the German National Nutrition Survey II. *Food Quality and Preferenc*e, 28(1): 60–70. https://doi.org/10/f4qkz5.

Papadopoulou, O.S., Argyri, A.A., Varzakis, E.E., Tassou, C.C. & Chorianopoulos, N.G. 2018. Greek functional Feta cheese: enhancing quality and safety using a *Lactobacillus plantarum* strain with probiotic potential. *Food Microbiology*, 74: 21–33. https://doi.org/10/gf4mqz.

Parasecoli, F. 2010. The gender of geographical indications: women, place, and the marketing of identities. *Cultural Studies Critical Methodologies*, 10(6): 467–478. https://doi.org/10/bf54xp.

Parkouda, C., Nielsen, D.S., Azokpota, P., Ouoba, L.I.I., Amoa-Awua, W.K., Thorsen, L., Hounhouigan, J.D. *et al*. 2009. The microbiology of alkaline-fermentation of indigenous seeds used as food condiments in Africa and Asia. *Critical Reviews in Microbiology*, 35(2): 139–156. https://doi.org/10/dgkcrw.

Patterson, E., Wall, R., Fitzgerald, G.F., Ross, R.P. & Stanton, C. 2012. Health implications of high dietary omega-6 polyunsaturated fatty acids. *Journal of Nutrition and Metabolism,* 2012. https://doi.org/10/f3m7fs.

Perera, I., Seneweera, S. & Hirotsu, N. 2018. Manipulating the phytic acid content of rice grain toward improving micronutrient bioavailability. *Rice*, 11. https://doi.org/10/gcvwxn.

Pineiro, M., Asp, N.G., Reid, G., Macfarlane, S., Morelli, L., Brunser, O. & Tuohy, K. 2008. FAO technical meeting on prebiotics. *Journal of Clinical Gastroenterology*, 42: S156. https://doi.org/10/c4pj25.

Pisano, M.B., Viale, S., Conti, S., Fadda, M.E., Deplano, M., Melis, M.P., Deiana, M.*et al*. 2014. Preliminary evaluation of probiotic properties of *Lactobacillus* strains isolated from Sardinian dairy products. *BioMed Research International*, 2014:286390. https://doi.org/10/gb76kc.

Pugliese, C., Sirtori, F., Ruiz, J., Martin, D., Parenti, S. & Franci, O. 2009. Effect of pasture on chestnut or acorn on fatty acid composition and aromatic profile of fat of Cinta Senese dry-cured ham. *Grasas y Aceites*, 60(3): 271–276. https://doi.org/10/bwfpnb.

Quaresma, M.A.G., Trigo-Rodrigues, I., Lemos, J.P.C. & Bessa, R.J.B. 2012. Effect of the finishing feeding system on total cholesterol, vitamin E and ß-carotene contents in Alentejana purebred bullocks. *Revista Portuguesa de Ciências Veterinárias*, 107(583–584): 157–163.

Raja, D.M. 2015. *Impact of the introduction of mechanized agriculture on a traditional rice-growing community in Sarawak, Malaysia.* Guelph, Ontario, Canada, University of Guelph. (Master thesis). (also available at https://pdfs.semanticscholar.org/7922/a97e426af2b7ada7e877b449a1b3bc2a98e7.pdf).

Rampelli, S., Schnorr, S.L., Consolandi, C., Turroni, S., Severgnini, M., Peano, C., Brigidi, P. *et al* 2015. Metagenome sequencing of the Hadza hunter-gatherer gut microbiota. *Current Biology*, 25(13): 1682–1693. https://doi.org/10/f7h486.

Rey, A.I., Daza, A., López-Carrasco, C. & López-Bote, C.J. 2006. Feeding Iberian pigs with acorns and grass in either free-range or confinement affects the carcass characteristics and fatty acids and tocopherols accumulation in *Longissimus dorsi* muscle and backfat. *Meat Science*, 73(1): 66–74. https://doi.org/10/c54vfv.

Richelle, M., Pridmore-Merten, S., Bodenstab, S., Enslen, M. & Offord, E.A. 2002. Hydrolysis of isoflavone glycosides to aglycones by β -glycosidase does not alter plasma and urine isoflavone pharmacokinetics in postmenopausal women. *The Journal of Nutrition*, 132(9): 2587–2592. https://doi.org/10.1093/jn/132.9.2587.

Sanjukta, S. & Rai, A.K. 2016. Production of bioactive peptides during soybean fermentation and their potential health benefits. *Trends in Food Science & Technology,* 50: 1–10. https://doi.org/10/gfzjwg.

Santarelli, M., Bottari, B., Lazzi, C., Neviani, E. & Gatti, M. 2013. Survey on the community and dynamics of lactic acid bacteria in Grana Padano cheese. *Systematic and Applied Microbiology*, 36(8): 593–600. https://doi.org/10/f5j5dw.

Sarkar, P.K., Tamang, J.P., Cook, P.E. & Owens, J.D. 1994. Kinema — a traditional soybean fermented food: proximate composition and microflora. *Food Microbiology*, 11(1): 47–55. https://doi.org/10/c4k8f5.

Schnorr, S.L., Candela, M., Rampelli, S., Centanni, M., Consolandi, C., Basaglia, G., Turroni, S. *et al.* 2014. Gut microbiome of the Hadza hunter-gatherers. *Nature Communications*, 5: 3654. https://doi.org/10/f52ktq.

Scollan, N.D., Dannenberger, D., Nuernberg, K., Richardson, I., MacKintosh, S., Hocquette, J.F. & Moloney, A.P. 2014. Enhancing the nutritional and health value of beef lipids and their relationship with meat quality. *Meat Science*, 97(3): 384–394. https://doi.org/10/gfzjwn.

Scollan, N., Hocquette, J.F., Nuernberg, K., Dannenberger, D., Richardson, I. & Moloney, A. 2006. Innovations in beef production systems that enhance the nutritional and health value of beef lipids and their relationship with meat quality. *Meat Science*, 74(1): 17–33. https://doi.org/10/bnb8v9.

Sekine, K. 2019. *Potential and challenges of geographical indications toward sustainable food systems: cases in Japan and Italy.* FAO internal report. Rome.

Setchell, K.D., Brown, N.M., Desai, P., Zimmer-Nechemias, L., Wolfe, B.E., Brashear, W.T., Kirschner, A.S. *et al.* 2001. Bioavailability of pure isoflavones in healthy humans and analysis of commercial soy isoflavone supplements. *The Journal of Nutrition*, 131(4 Suppl.): 1362–1375. https://doi.org/10.1093/jn/131.4.1362S.

Sieuwerts, S., de Bok, F.A.M., Hugenholtz, J. & van Hylckama Vlieg, J.E.T. 2008. Unraveling microbial interactions in food fermentations: from classical to genomics approaches. *Applied and Environmental Microbiology*, 74(16): 4997–5007. https://doi.org/10/dc83px.

Simpson, H.L. & Campbell, B.J. 2015. Review article: dietary fibre–microbiota interactions. *Alimentary Pharmacology & Therapeutics*, 42(2): 158–179. https://doi.org/10/f8wptj.

Sinisalo, M., Enkovaara, A.L. & Kivistö, K.T. 2010. Possible hepatotoxic effect of rooibos tea: a case report. *European Journal of Clinical Pharmacology*, 66(4): 427–428. https://doi.org/10/chfrq7.

Smid, E.J. & Lacroix, C. 2013. Microbe–microbe interactions in mixed culture food fermentations. *Current Opinion in Biotechnology*, 24(2): 148–154. https://doi.org/10/f4s5ss.

Smits, S.A., Leach, J., Sonnenburg, E.D., Gonzalez, C.G., Lichtman, J.S., Reid, G., Knight, R. *et al.* 2017. Seasonal cycling in the gut microbiome of the Hadza hunter-gatherers of Tanzania. *Science*, 357(6353): 802–806. https://doi.org/10/gbts42.

Sofi, F., Cesari, F., Abbate, R., Gensini, G.F. & Casini, A. 2008. Adherence to Mediterranean diet and health status: meta-analysis. *BMJ*, 337: a1344. https://doi.org/10/b5zc4n.

Solieri, L., Bianchi, A., Mottolese, G., Lemmetti, F. & Giudici, P. 2014. Tailoring the probiotic potential of non-starter *Lactobacillus* strains from ripened Parmigiano Reggiano cheese by in vitro screening and principal component analysis. *Food Microbiology,* 38: 240–249. https://doi.org/10/gf39s3.

South African Rooibos Council (SARC). n.d. Fact file. In: *FAQ* [online]. Pniel, South Africa. [Cited 2 March 2020] https://sarooibos.co.za/faq/#toggle-id-1.

South African Rooibos Council (SARC). 2013. *Application for protection of the name "Rooibos" in terms of Section 15 of the Merchandise Marks Act, Act No 17 of 1941.* Pniel, South Africa. (also available at https://sarooibos.co.za/wp/wp-content/uploads/2018/09/2013-GI-guidelines-for-MMA-application.pdf).

South African Rooibos Council (SARC). 2019. *Rooibos industry fact sheet 2019.* Pniel, South Africa. (also available at https://sarooibos.co.za/wp/wp-content/uploads/2019/03/20190222-SARC-2019-Fact-Sheet.pdf).

Spencer, J.P.E. & Crozier, A., eds. 2012. *Flavonoids and related compounds.* Bioavailability and function. Boca Raton, USA, CRC Press.

Srour, B., Fezeu, L.K., Kesse-Guyot, E., Allès, B., Méjean, C., Andrianasolo, R.M., Chazelas, E. *et al.* 2019. Ultra-processed food intake and risk of cardiovascular disease: prospective cohort study (NutriNet-Santé). *BMJ*, 365: l1451. https://doi.org/10/gf3v7m.

Statista. 2020. Annual per capita tea consumption worldwide as of 2016, by leading countries. In: *Consumer goods & FMCG* [online]. New York, USA. [Cited 3 March 2020]. www.statista.com/statistics/507950/global-per-capita-tea-consumption-by-country/#:~:text=In%202016%2C%20Turkey%20was%20the%20largest%20tea-consuming%20country,global%20tea%20producer%2C%20followed%20by%20India%20and%20Kenya.

Summer, A., Formaggioni, P., Franceschi, P., Di Frangia, F., Righi, F. & Malacarne, M. 2017. Cheese as functional food: the example of Parmigiano Reggiano and Grana Padano. *Food Technology and Biotechnology*, 55(3): 277–289. https://doi.org/10/gb2svc.

Summer, A., Sandri, S., Tosi, F., Franceschi, P., Malacarne, M., Formaggioni, P. & Mariani, P. 2007. Seasonal trend of some parameters of the milk quality payment for Parmigiano-Reggiano cheese. *Italian Journal of Animal Science*, 6(Suppl. 1): 475–477. https://doi.org/10/fr8ctm.

Swedish Agency for Health Technology Assessment and Assessment of Social Services (SBU).

1997. *Preventing disease with antioxidants*. Stockholm. (also available at www.sbu.se/en/publications/sbu-assesses/preventing-disease-with-antioxidants/).

Tamang, J.P., Watanabe, K. & Holzapfel, W.H. 2016. Review: diversity of microorganisms in global fermented foods and beverages. *Frontiers in Microbiology*, 7. https://doi.org/10/gfzjwv.

Tay, P.S. 2017. Legal protection of geographical indications as a means to foster social and economic development in Malaysia. In I. Calboli & W.L. Ng-Loy, eds. *Geographical indications at the crossroads of trade, development, and culture: focus on Asia-Pacific*, pp. 281–304. Cambridge, Cambridge University Press. https://doi.org/10.1017/9781316711002.013.

Tejerina, D., García-Torres, S., Cabeza de Vaca, M., Vázquez, F.M. & Cava, R. 2011. Acorns (*Quercus rotundifolia* Lam.) and grass as natural sources of antioxidants and fatty acids in the "montanera" feeding of Iberian pig: intra- and inter-annual variations. *Food Chemistry*, 124(3): 997–1004. https://doi.org/10/dsr2zt.

Tejerina, D., García-Torres, S., de Vaca, M.C., Vázquez, F.M. & Cava, R. 2012. Study of variability in antioxidant composition and fatty acids profile of *Longissimus dorsi* and *Serratus ventralis* muscles from Iberian pigs reared in two different Montanera seasons. *Meat Science*, 90(2): 414–419. https://doi.org/10/bsp3fm.

Teo, G.K. 2011a. Geographical Indication (GI) certification of Sarawak's traditional varieties. In N. Mohd. Shukor, Salma, I., Mohamed Rani Mat, Y., Mohd. Shukri Mat, A., eds. *Agrobiodiversity in Malaysia II: conservation and sustainable utilization*, pp. 11–16. Kuala Lumpur, Malaysian Agricultural Research and Development Institute (MARDI) and Rome, Bioversity International. (also available at http://irep.iium.edu.my/60891/1/60891_AGROBIODIVERSITY.pdf).

Teo, G.K. 2011b. Sarawak's specialty rice. Paper presented at the Sarawak Rice Conference (SARICON), 25–27 October 2011, Kuching, Sarawak, Malaysia. (also available at www.iipm.com.my/wp-content/uploads/2016/05/MS.-TEO-GIEN-KHENG.pdf).

Terroirs & Cultures & United Nations Educational, Scientific and Cultural Organization (UNESCO). 2007. *Rencontres internationales planète terroirs, UNESCO 2005: actes*. Paris, UNESCO. (also available at https://unesdoc.unesco.org/ark:/48223/pf0000154388).

Thomas, R., Bhat, R. & Kuang, Y.T. 2015. Composition of amino acids, fatty acids, minerals and dietary fiber in some of the local and import rice varieties of Malaysia. *International Food Research Journal*, 22(3): 1148–1155.

Thomas, R., Bhat, R., Kuang, Y.T. & Abdullah, W.N.W. 2014a. Functional and pasting properties of locally grown and imported exotic rice varieties of Malaysia. *Food Science and Technology Research*, 20(2): 469–477. https://doi.org/10/f5w47p.

Thomas, R., Yeoh, T.K., Wan-Nadiah, W.A. & Bhat, R. 2014b. Quality evaluation of flat rice noodles (kway teow) prepared from Bario and Basmati Rice. *Sains Malaysiana*, 43(3): 339–347.

Thursby, E. & Juge, N. 2017. Introduction to the human gut microbiota. *Biochemical Journal*, 474(11): 1823–1836. https://doi.org/10/gbhd5c.

Tran, M. & Agencies. 2008. Only one Parmesan, court rules. *The Guardian*, 26 February 2008. (also available at www.theguardian.com/world/2008/feb/26/italy.germany).

Tufts University. 2019. Dietary data by region. In: *Our data* [online]. Boston, USA. [Cited 2 March 2020]. www.globaldietarydatabase.org/our-data/data-visualizations/dietary-data-region.

United States of America, US Department of Agriculture, Agricultural Research Service. 2019a. Tofu, salted and fermented (fuyu). In: *FoodData Central Search Results* [online]. Washington, DC. [Cited 2 March 2020]. https://fdc.nal.usda.gov/fdc-app.html#/food-details/174280/nutrients.

United States of America, US Department of Agriculture, Agricultural Research Service. 2019b. Cheese, parmesan, hard. In: *FoodData Central Search Results* [online]. Washington, DC. [Cited 2 March 2020]. https://fdc.nal.usda.gov/fdc-app.html#/food-details/170848/nutrients.

United States of America, US Food and Drug Administration. 2019a. Code of Federal Regulations. Title 21. Sec. 133.165 Parmesan and reggiano cheese. Silver Spring, USA. (also available at www.accessdata.fda.gov/scripts/cdrh/cfdocs/cfcfr/CFRSearch.cfm?fr=133.165).

United States of America, US Food and Drug Administration. 2019b. Code of Federal Regulations. Title 21. Sec. 133.146 Grated cheeses. Silver Spring, USA. (also available at www.accessdata.fda.gov/scripts/cdrh/cfdocs/cfcfr/CFRSearch.cfm?fr=133.146).

Uroic, K., Nikolic, M., Kos, B., Pavunc, A.L., Beganovic, J., Lukic, J., Jovcic, B. *et al.* 2014. Probiotic properties of lactic acid bacteria isolated from Croatian fresh soft cheese and Serbian white pickled cheese. *Food Technology and Biotechnology*, 52(2): 232.

Ursell, L.K., Metcalf, J.L., Parfrey, L.W. & Knight, R. 2012. Defining the human microbiome. *Nutrition Reviews*, 70(Suppl. 1): 38–44. https://doi.org/10/gf255m.

Van Heerden, F.R., Van Wyk, B.-E., Viljoen, A.M. & Steenkamp, P.A. 2003. Phenolic variation in wild populations of *Aspalathus linearis* (rooibos tea). *Biochemical Systematics and Ecology*, 31(8): 885–895. https://doi.org/10/dkgxbs.

Vecchia, P. 2010. Come si fa il sieroinnesto per produrre il Parmigiano. *Agricoltura*, July-August 2010: 74–76. (also available at www.crpa.it/media/documents/crpa_www/Settori/Zootecnia/Download/Archivio%202010/Ag_RER_7-8_10_p74.pdf).

Vincent, E., Flutet, G. & Nairaud, D. 2008. AOC et AOP: un système de reconnaissance des terroirs au service du développement durable. *Géosciences*, 7/8: 26–34.

Walker, A.W., Ince, J., Duncan, S.H., Webster, L.M., Holtrop, G., Ze, X., Brown, D. *et al.* 2011. Dominant and diet-responsive groups of bacteria within the human colonic microbiota. *The ISME Journal,* 5(2): 220–230. https://doi.org/10/d54cgh.

Wang, H. & Murphy, P.A. 1994. Isoflavone content in commercial soybean foods. *Journal of Agricultural and Food Chemistry*, 42(8): 1666–1673. https://doi.org/10/b7dp79.

Wang, L., Saito, M., Tatsumi, E. & Li, L. 2003. Antioxidative and angiotensin I-converting enzyme inhibitory activities of sufu (fermented tofu) Extracts. *Japan Agricultural Research Quarterly,* 37(2): 129–132. https://doi.org/10/gf2b63.

Wei, G., Wang, K., Liu, Y., Regenstein, J.M., Liu, X. & Zhou, P. 2018. Characteristic of low-salt solid-state fermentation of Yunnan oil furu with *Mucor racemosus*: microbiological, biochemical, structural, textural and sensory properties. *International Journal of Food Science & Technology*, 54(4): 1342–1354. https://doi.org/10/gfzjxb.

Weill, P., Schmitt, B., Chesneau, G., Daniel, N., Safraou, F. & Legrand, P. 2002. Effects of introducing linseed in livestock diet on blood fatty acid composition of consumers of animal products. *Annals of Nutrition and Metabolism,* 46(5): 182–191. https://doi.org/10/d6c43c.

West, C.E., Renz, H., Jenmalm, M.C., Kozyrskyj, A.L., Allen, K.J., Vuillermin, P., Prescott, S.L. *et al.* 2015. The gut microbiota and inflammatory noncommunicable diseases: Associations and potentials for gut microbiota therapies. *Journal of Allergy and Clinical Immunology*, 135(1): 3–13. https://doi.org/10/f2x264.

Wijendran, V. & Hayes, K.C. 2004. Dietary n-6 and n-3 fatty acid balance and cardiovascular health. *Annual Review of Nutrition*, 24: 597–615. https://doi.org/10/bzf7qt.

Willett, W., Rockström, J., Loken, B., Springmann, M., Lang, T., Vermeulen, S., Garnett, T. *et al.* 2019. Food in the Anthropocene: the EAT–Lancet Commission on healthy diets from sustainable food systems. *The Lancet*, 393(10170): 447–492. https://doi.org/10/gft25h.

Wong, S.C., Yiu, P.H., Bong, S.T.W., Lee, H.H., Neoh, P.P.N. & Amarthalingam, R. 2009. Analysis of Sarawak Bario rice diversity using microsatellite markers. *American Journal of Agricultural and Biological Sciences*, 4: 298–304. https://doi.org/10/cnncpq.

World Health Organization (WHO). 2014. Increasing fruit and vegetable consumption to reduce the risk of noncommunicable diseases: biological, behavioural and contextual rationale. In: *eLENA* [online]. Geneva. [Cited 17 December 2019]. www.who.int/elena/bbc/fruit_vegetables_ncds/en/.

World Intellectual Property Organization (WIPO). n.d. Frequently asked questions: geographical indications. In: *About IP* [online]. Geneva. [Cited 2 March 2020]. www.wipo.int/geo_indications/en/faq_geographicalindications.html.

World Intellectual Property Organization (WIPO). 2011. Disputing a name, developing a geographical indication. In: *Case studies* [online]. Geneva. [Cited 12 November 2019]. https://www.wipo.int/ipadvantage/en/details.jsp?id=2691.

World Wildlife Fund (WWF). 2013. FORMADAT: The alliance of the indigenous peoples of the highlands of Borneo. In: *WWF* [online]. N.p. [Cited 29 November 2019]. https://wwf.panda.org/?212931/FORMADAT-The-Alliance-of-the-Indigenous-Peoples-of-the-Highlands-of-Borneo .

World Wildlife Fund (WWF). 2018. FORMADAT calls for support in sustainable development in highlands. In: *Press releases* [online]. Gland, Switzerland. [Cited 29 November 2019]. https://

wwf.panda.org/knowledge-hub/where-we-work/borneo-forests/news/press-release/?332650/ FORMADAT-calls-for-support-in-sustainable-development-in-highlands.

Wu, G.D., Chen, J., Hoffmann, C., Bittinger, K., Chen, Y.Y., Keilbaugh, S.A., Bewtra, M. *et al.* 2011. Linking long-term dietary patterns with gut microbial enterotypes. *Science*, 334(6052): 105–108. https://doi.org/10/b8h4cg.

Yang, B., Chen, H., Stanton, C., Ross, R.P., Zhang, H., Chen, Y.Q. & Chen, W. 2015. Review of the roles of conjugated linoleic acid in health and disease. *Journal of Functional Foods*, 15: 314–325. https://doi.org/10/f7df3k.

Yin, L., Li, L., Liu, H., Saito, M. & Tatsumi, E. 2005. Effects of fermentation temperature on the content and composition of isoflavones and β -glucosidase activity in sufu. *Bioscience, Biotechnology, and Biochemistry*, 69(2): 267–272. https://doi.org/10/dn284n.

Yu, S., Derr, J., Etherton, T.D. & Kris-Etherton, P.M. 1995. Plasma cholesterol-predictive equations demonstrate that stearic acid is neutral and monounsaturated fatty acids are hypocholesterolemic. *The American Journal of Clinical Nutrition*, 61(5): 1129–1139. https://doi.org/10.1093/ajcn/61.4.1129.

Yuan, L., Wagatsuma, C., Yoshida, M., Miura, T., Mukoda, T., Fujii, H., Sun, B. *et al* 2003. Inhibition of human breast cancer growth by GCP (genistein combined polysaccharide) in xenogeneic athymic mice: involvement of genistein biotransformation by beta-glucuronidase from tumor tissues. *Mutation Research*, 523–524: 55–62.

Zhang, B., Wang, Y., Tan, Z., Li, Z., Jiao, Z. & Huang, Q. 2016. Screening of probiotic activities of *Lactobacilli* strains isolated from traditional Tibetan Qula, a raw yak milk cheese. *Asian-Australasian Journal of Animal Sciences*, 29(10): 1490. https://doi.org/10/gf4mq2.

Zhu, Y., Zhang, Y. & Li, Y. 2009. Understanding the industrial application potential of lactic acid bacteria through genomics. *Applied Microbiology and Biotechnology*, 83(4): 597–610. https://doi.org/10/frkq4j.

Zhuang, Y., Tian, P., Chen, M., Shan, C. & Mo, K. 2017. Effects of different fermented bacteria on flavor of sufu. *Journal of Hubei University for Nationalities* (Natural Science Edition), 35(3): 270–277. https://doi.org/10.13501/j.cnki.42-1569/n.2017.09.006.

Zmora, N., Suez, J. & Elinav, E. 2019. You are what you eat: diet, health and the gut microbiota. *Nature Reviews Gastroenterology & Hepatology*, 16(1): 35-56. (also available at https://doi.org/10/gf258v).

Zubik, L. & Meydani, M. 2003. Bioavailability of soybean isoflavones from aglycone and glucoside forms in American women. *The American Journal of Clinical Nutrition,* 77(6): 1459–1465. https://doi.org/10.1093/ajcn/77.6.1459.

附录

益生菌、益生元、发酵食品及肠道菌群

长期以来，食品工业和学术界一直对益生菌和益生元非常关注，进行了大量研究，同时开发了许多产品。近年来，肠道微生物群的研究数量激增，部分原因是由于以高通量16S rRNA和猎枪测序为主的技术、计算能力和生物信息学分析技术的突破（West等，2015）。一些功能食品的制造商已经开始试图将肠道微生物群写入健康声明内。益生菌和益生元特殊的性质可能通过各种直接或间接机制影响肠道微生物群（Hemarajata和Versalovic，2013）。许多传统食品和地理标志食品是可能含有益生菌的发酵产品，尤其是乳制品；益生菌和益生元与肠道微生物群的相互作用为这些食品的研究和开发提供了可能。本节简要介绍了有关这一主题下几个课题的现状。

附录1　定义及常见类型

联合国粮农组织/世卫组织联合工作组将益生菌定义为：达到一定数量后能给宿主带来健康益处的存活微生物（FAO和WHO，2002）。

一个广泛接受的益生元定义是"一种不可消化的食物成分，通过选择性地刺激结肠中一种或有限数量的细菌的生长或活动，对宿主产生有益影响，从而改善宿主的健康"（Gibson和Roberfroid，1995）。在粮农组织的一次技术会议上，与会者建议扩大这一定义的范围，任何与微生物群相关的互动机制也应考虑在内：

益生元是一种不能存活的食物成分，它对宿主的健康有益，与微生物群的调节有关（Pineiro等，2008）。

一个研究益生菌和益生元的专家小组就益生元给出以下定义，该定义与第一个定义的选词和术语相似。

益生元是一种被宿主体内微生物选择性利用的底物，具有健康益处（Gibson等，2017）。

与此相关的还有合生素的概念，合生素是同时含有益生菌和益生元的产

品。合生素通常具有益生菌和益生元的协同效应。

牛津英语词典中对微生物群的定义是"包括微动物和微植物；特别是某个特定的栖息地、地区或时代的微动物"。就人类而言，微生物群是"与人类相关的微生物群"（Ursell等，2012）。我们在人体营养方面最感兴趣的是消化系统中的微生物，"定植于胃肠道的细菌、古细菌和真核生物的集合"，称为"肠道微生物群"（Thursby和Juge，2017）。因此，肠道微生物群基因组内容的集合被命名为肠道微生物群，但这两个术语经常混用（Ursell等，2012）。本书区别了这两个术语。

最广泛研究的益生菌为乳酸菌细菌科，包括乳酸菌（*Lactobacillus*）、双歧杆菌（*Bifidobacterium*）、链球菌（*Streptococcus*）、肠球菌（*Enterococcus*）、芽孢杆菌（*Bacillus*）等。乳酸是它们参与碳水化合物发酵过程中都会产生的主要代谢产物。在食品加工中，乳酸菌是传统和商业乳品发酵的主要制剂。乳酸菌也存在于其他产品中，如辛奇（*Lactobacillus kimchii*）、酸菜和其他发酵蔬菜、酸面包以及各种传统发酵食品和饮料（Mokoena，Mutanda和Olaniran，2016；Rizo等，2018）。几乎所有的商业益生菌补充剂都以乳酸菌为主，乳酸菌中又以乳酸菌属和双歧杆菌属为主。关于其他广泛使用的食用微生物益生菌潜力的文献很有限。

在食品中，益生元为可溶性纤维，包括菊粉、寡糖、焦糊精、乳果糖等。到目前为止，大多数研究都集中在菊粉、果寡糖和低聚半乳糖上（Gibson等，2017；Pineiro等，2008）。

附录2　饮食及肠道菌群

据观察，随着饮食的转变，婴儿的肠道微生物群落结构发生了重大变化（Ursell等，2012；Zmora，Suez和Elinav，2019）。大量证据显示，成年人也符合这一发现。

饮食差异会导致人与人之间肠道微生物群落结构的差异。一些中长期人类饮食实验研究了肥胖和健康个体的饮食，实验对象饮食中摄入的热量、脂肪、包括抗性淀粉和非淀粉多糖在内的碳水化合物和纤维含量各不相同。这些研究证明，饮食类型与肠道微生物群落结构具有相关性（Duncan等，2007；Jeffery和O'Toole，2013；Ley等，2006；Simpson和Campbell，2015；Walker等，2011；Wu等，2011）。从总体上看，在饮食中含量较高的成分代谢过程中，涉及的微生物数量显著增加。通常情况下，水果和蔬菜中脂肪和糖含量低，饮食中过多摄入脂肪和糖，会减少有潜在益处的厚壁菌，增加变形菌数量，包括一些已知的病原体。饮食中多摄入富含纤维的水果、蔬菜和豆类等植物性食物，则普雷沃氏菌（*Prevotella*）与拟杆菌（*Bacteroides*）比率高。对于长期食用植物性食物的消费者来说，肠道微生物群会更多样化。

短期的饮食转变也能影响肠道微生物群。随意只摄入肉、蛋和奶酪等动物性食品或只摄入谷物、豆类、水果和蔬菜等植物性食品会在5天内迅速改变肠道微生物群（David等，2014）。在以动物为基础的饮食组中，由于胆汁酸对动物脂肪代谢不可或缺，耐受胆汁酸的微生物数量和活性明显增加，而用于消化植物多糖的细菌则减少。食草和食肉的哺乳动物之间也存在类似的差异。此外，数据表明，食源性微生物可以在消化系统中存活下来，并可能在肠道中发挥代谢作用。

哈扎人是生活在坦桑尼亚的狩猎和采集者，一些关于他们肠道微生物群的研究为我们提供了一个独特的视角，即历史上饮食转变的最根本原因是由于农业、动物驯化以及工业化的出现，这可能影响了人类的微生物构成（Fragiadakis等，2018；Rampelli等，2015；Schnorr等，2014；Smits等，2017）。将哈扎人的肠道微生物组与世界上发展中国家和工业化国家的其他人群进行比较，发现肠道微生物组成与生活方式密切相关，这可能是由饮食导致的。哈扎人肠道中与纤维消化有关的微生物数量明显更高。复合多糖属于难以消化的植物性食品，相比于某些发展中国家的农村农业人口，哈扎人体内有更多有助于消化复合多糖的微生物。同时，令人惊讶的是，婴儿通过母乳喂养获得的双歧杆菌，通常为肠道微生物群中的主要菌属之一，该菌种在哈扎人的肠道中完全不存在。也许是由于哈扎人的饮食不含任何来自农业和驯化动物的食物，而这些食物几乎存在于世界上任何其他地方的饮食中。就不同的性别和季节而言，可以观察到哈扎人的肠道微生物群落结构存在差异。这证实了饮食的调节作用，因为这种差异与哈扎人饮食中的性别差异与季节差异相一致。由于劳动分工，女性摄入更多的植物性食物，而男性摄入更多的野味和蜂蜜；相比于雨季，哈扎人在旱季摄入更多的肉类。

哈扎人肠道中不存在双歧杆菌，这打破了肠道微生物对人类健康不可或缺的习惯性思维。事实上，不少益生菌和功能性食品依靠双歧杆菌菌株来实现其健康益处。但这一发现表明，如果相关食物的摄入量较低，肠道中缺乏双歧杆菌并不会对健康产生负面影响。因此，这些健康声明的论据似乎变得站不住脚。事实上，即使是长期使用的益生菌菌种，其是否对健康有益也可能取决于饮食。

附录3 肠道菌群及健康

目前为止，有足够的证据证实，饮食的转变能很快引起肠道微生物群落结构的变化。下一个亟待解决的问题是，这种变化如何影响健康状况，这可能为盛行于全球的、以高热量和加工食品为特征的西方饮食与非传染性疾病激增之间的假定联系提供一些依据。

Gentile 和 Weir（2018）以及 Zmora、Suez 和 Elinav（2019）详细回顾了目前关于饮食结构及饮食模式如何通过肠道微生物群影响人类生理的分子机制的研究。大量动物和人类实验记录了肠道微生物群对饮食结构变化所作出的反应，以及随之而来的生理层面的影响。

文献确定了一些信号分子路径，肠道微生物群可能与代谢综合征有关。高脂肪饮食会增加肠道微生物群中含有脂多糖的细菌数量，例如在革兰氏阴性菌的外膜中。人体中的脂多糖水平升高会诱发炎症反应、胰岛素抵抗和肥胖症。如果这种状态持续一段时间，以长期高脂肪饮食为例，会不可避免地诱发非传染性疾病。食用红肉导致肠道微生物群将红肉中的左旋肉碱转化为氧化三甲胺，对人体有负面影响，而摄入纤维则纤维在肠道中发酵产生对人体有益的短链脂肪酸。然而，研究中仍有许多空区。此外，还需要更多涉及整个饮食结构，而不是专注于单一营养素的研究。

据研究，在已经患有非传染性疾病的病人中，其肠道微生物群有一定变化。上述非传染性疾病包括心血管疾病、糖尿病、高血压、哮喘、某些类型的癌症、炎症性肠病、神经退行性疾病等（Althani 等，2016；Dietert 和 Dietert，2015；Noce 等，2019；West 等，2015）。应该注意的是，这些论文中提及的联系仅仅是相关性或关联性，没有确切证据，不足以证明肠道微生物群功能失调会导致非传染性疾病。

附录4　肠道菌群的治疗和补充

证据表明，恢复肠道微生物群平衡的干预措施也许是治疗非传染性疾病和其他疾病的方法之一。毫不意外的是，近年来相关研究频繁开展。常见干预方法有两种：施用益生菌、益生元和合生素，以及移植粪便微生物群。本书只讨论第一种类型。

Dietert（2015）列举了许多研究，研究表明施用益生菌、益生元和合生素对一些非传染性疾病有效。作者提出了一种微生物组管理的方法，包括从婴儿期到成年期等不同生命阶段监测和调整个人微生物组。Noce 等（2019）和 West 等（2015）提供了更多信息，扩大了施用试剂及目标疾病的范围。尽管也有研究报告说几乎没有效果，但结果一般都为正向反馈。Markowiak 和 Śliżewska（2017）更关注人类临床试验。应该注意的是，所有这些结论都是从医学角度出发的，即益生菌、益生元和合生素为治疗非传染性疾病患者和保护其他弱势群体（婴儿、老人）的药物。

遗憾的是，针对无病人群的相关文献有限。唯一可用的系统综述来自Kristensen等（2016），他们评估了益生菌补充剂对健康成年人粪便微生物群结构可能造成的影响。作者以健康受试者、随机对照实验、不将益生菌与其他物质结合为关键词，严格筛选了现有文献，并认为有7项研究符合其标准。这些研究没有提出令人信服的证据证明益生菌对粪便微生物组有一致的影响，这意味着益生菌补充可能对健康成年人的肠道微生物组没有影响。另一篇综述（Khalesi等，2019）表明，健康成年人，特别是老年人可能从持续使用益生菌中获得一些健康益处，但这种益处也许只存在于特定的情况或条件下。大多数报告显示，虽然通过肠道可能足以实现一些健康益处，但益生菌的摄入只能在健康人群的肠道微生物群中诱发短暂的变化，在停止相关摄入后仍会持续1～3周。该综述还发现，补充益生菌虽然可以增强一些健康指标，如免疫系统反应、粪便稠度、肠道运动和阴道乳酸菌浓度，却不足以证明益生菌可以帮助改善血脂状况。

许多发酵食品含有类似于商业益生菌的微生物菌株，大量人类研究认为其对健康有益。正如Marco等（2017）所回顾的，补充各种类型的发酵乳制品、蔬菜和豆制品对肥胖、心血管疾病、Ⅱ型糖尿病、炎症性肠道疾病和其他免疫相关疾病以及大脑活动有积极影响。然而，目前仍然不清楚这些影响的生理机制以及肠道微生物群是否且如何参与其中。一项以健康的成年女性单卵双胞胎为对象的有趣研究发现，中期食用（4个月）含有商业益生菌菌种的发酵乳制品后，受试者的粪便细菌物种构成没有明显变化（McNulty等，2011）。

附录5　总结及未来研究方向

已有足够的证据表明，饮食在塑造肠道微生物群方面起着关键作用，饮食变化能导致微生物群落结构的转变。基于肠道微生物群中细菌的已知功能，可以推断这种转变可能会增加或减少来自食物营养素的一些代谢物含量，触发随后的生理机制。人们认为，该生理机制的触发会导致一些非传染性疾病的发生。然而，尽管在某些情况下微生物群、营养物质代谢物和非传染性疾病之间的联系显著，但由于人类生理系统的复杂性，其联系并不像饮食和微生物群之间的联系那样牢固。

人们已经做出了许多努力来改善肠道微生物群，通过补充益生菌、益生元和合生素来预防非传染性疾病和其他疾病。结果从有效到无效果不等，突出了不同疾病、治疗和人群之间的复杂性。虽已见正面效果，但该效果是否由肠道微生物群介导还有待确定。此外，目前的证据显示，补充益生菌对肠道微生物群的影响是暂时的。目前的文献表明，不同人群的肠道微生物群落结构存在明显的差异。然而，即使在西方国家，也很少有研究比较了不同人群。美国国立卫生研究院（NIH）人类微生物组计划（www.hmpdacc.org）、美国肠道（www.americangut.org）和地球微生物组（www.earthmicrobiome.org）等倡议收集大量有关全球人类微生物组的数据，以阐明肠道微生物组构成及其在人群中的功能。结合详细的饮食摄入数据，这些数据将有助于了解饮食和肠道微生物群之间的关系。

另一个课题是个人肠道微生物组数据的广泛提供和应用，也许会掀起一股类似于近来个人基因组测序的风潮。技术进步使个体基因组测序服务变得快速、可靠和经济，向公众提供此类服务的公司会不断推动其普及。在医学领域，临床水平的个人基因组测序和随后对某些类型的癌症的靶向治疗已经取得了相当大的进展。尽管还有很长的路要走，但个体肠道微生物组数据可以作为个性化营养的基础，这可能是一个治疗非传染性疾病的可靠疗法。由于大多数非传染性疾病的多因素性质，虽然很难断言这种基于肠道微生物群的方法是否会成功，但是，无疑拥有非常光明的前景。

图书在版编目（CIP）数据

地理标志食品的营养与健康潜力 / 联合国粮食及农业组织编著；吴瓅等译．—北京：中国农业出版社，2022.12
（FAO中文出版计划项目丛书）
ISBN 978-7-109-30339-3

Ⅰ．①地… Ⅱ．①联… ②吴… Ⅲ．①农产品—地理—标志—研究 Ⅳ．①F762.05

中国国家版本馆CIP数据核字（2023）第006899号

著作权合同登记号：图字01-2022-3732号

地理标志食品的营养与健康潜力
DILI BIAOZHI SHIPIN DE YINGYANG YU JIANKANG QIANLI

中国农业出版社出版
地址：北京市朝阳区麦子店街18号楼
邮编：100125
责任编辑：郑　君
版式设计：王　晨　　责任校对：周丽芳
印刷：北京通州皇家印刷厂
版次：2022年12月第1版
印次：2022年12月北京第1次印刷
发行：新华书店北京发行所
开本：700mm×1000mm　1/16
印张：6.5
字数：125千字
定价：79.00元